关联适用全书 系列

刑法修正案（十二）

关联适用全书

法规应用研究中心 ◎ 编

含妨害对公司、企业的管理秩序罪 贪污贿赂罪

中国法制出版社
CHINA LEGAL PUBLISHING HOUSE

出 版 说 明

法律的生命在于实践。为了方便法官、检察官、律师等法律从业人员，法学研究和教学人员，以及社会大众能够全面、系统地学习新法或重要法律，对照相关规定，掌握重点内容，指引实务操作，我们组织编写了关联适用全书系列。

本系列图书有如下特点：

1. 基础法律的统领性。以新法或重要法律条文为主体内容，统领该领域立法。同时归纳条文主旨，突出条文要义，方便读者明确法条的规范对象。

2. 要点提示的精炼性。对重要法条或新修订之处的主要内容进行释义，旨在用简洁凝练的文字概括立法背景、立法宗旨、法条内涵，解析实务适用中的重点难点。

3. 关联规定的齐备性。将与新法或重要法律相关的法律法规、司法解释、部门规章等法律文件分条逐一列举，旨在方便读者直接对照使用，对该领域立法形成系统性知识架构。

4. 典型案例的指导性。收录与新法或重要法律相关的最高人民法院或最高人民检察院发布的指导性案例、公报案例、典型案例，旨在以案释法，为相关法律的适用和类似案件的审理提供有益参考。

由于编者水平有限，书中内容可能存在不足，敬请广大读者批评指正。如蒙提出建设性意见，我们将不胜感激。

法规应用研究中心
2024 年 1 月

目 录

中华人民共和国刑法（节录）

第三章 破坏社会主义市场经济秩序罪

第三节 妨害对公司、企业的管理秩序罪

第一百五十八条【虚报注册资本罪】…………………… 002
第一百五十九条【虚假出资、抽逃出资罪】…………… 006
第一百六十条【欺诈发行证券罪】……………………… 012
第一百六十一条【违规披露、不披露重要信息罪】…… 016
第一百六十二条【妨害清算罪】………………………… 021
第一百六十二条之一【隐匿、故意销毁会计凭证、会计帐簿、
　　　　　　　　　　财务会计报告罪】………………… 028
第一百六十二条之二【虚假破产罪】…………………… 029
第一百六十三条【非国家工作人员受贿罪】…………… 031
第一百六十四条【对非国家工作人员行贿罪】【对外国公职人
　　　　　　　　员、国际公共组织官员行贿罪】……… 036
第一百六十五条【非法经营同类营业罪】……………… 041
第一百六十六条【为亲友非法牟利罪】………………… 043
第一百六十七条【签订、履行合同失职被骗罪】……… 044
第一百六十八条【国有公司、企业、事业单位人员失职罪】【国
　　　　　　　　有公司、企业、事业单位人员滥用职权罪】…… 045
第一百六十九条【徇私舞弊低价折股、出售公司、企业资产罪】… 046
第一百六十九条之一【背信损害上市公司利益罪】…… 048

第八章　贪污贿赂罪

第三百八十二条【贪污罪】 ………………………………… 050

第三百八十三条【贪污罪的处罚】 ……………………… 073

第三百八十四条【挪用公款罪】 ………………………… 108

第三百八十五条【受贿罪】 ……………………………… 118

第三百八十六条【受贿罪的处罚】 ……………………… 145

第三百八十七条【单位受贿罪】 ………………………… 148

第三百八十八条【受贿罪】 ……………………………… 152

第三百八十八条之一【利用影响力受贿罪】 …………… 158

第三百八十九条【行贿罪】 ……………………………… 160

第三百九十条【行贿罪的处罚】 ………………………… 172

第三百九十条之一【对有影响力的人行贿罪】 ………… 189

第三百九十一条【对单位行贿罪】 ……………………… 190

第三百九十二条【介绍贿赂罪】 ………………………… 191

第三百九十三条【单位行贿罪】 ………………………… 192

第三百九十四条【贪污罪】 ……………………………… 198

第三百九十五条【巨额财产来源不明罪】【隐瞒境外存款罪】 …… 200

第三百九十六条【私分国有资产罪】【私分罚没财物罪】 ……… 202

附　录

中华人民共和国刑法修正案（十二） ……………………… 203
　　（2023 年 12 月 29 日）

《刑法修正案（十二）》修改前后对照表 ………………… 206

案例索引目录

- 某小额贷款公司、某集团公司与某银行、某会计师事务所、某实业公司、某投资担保公司损害公司债权人利益责任案 …… 011
- 博元投资股份有限公司、余蒂妮等人违规披露、不披露重要信息案 …… 018
- 黄艳兰贪污违法所得没收案 …… 062
- 白静贪污违法所得没收案 …… 066
- 李华波贪污案 …… 070
- 浙江省某县图书馆及赵某、徐某某单位受贿、私分国有资产、贪污案 …… 071
- 杨延虎等贪污案 …… 072
- 束某龙贪污案 …… 072
- 尚某多等人贪污案 …… 072
- 王某兵贪污案 …… 072
- 陈某贪污、挪用公款案 …… 073
- 金某某受贿案 …… 102
- 张某受贿，郭某行贿、职务侵占、诈骗案 …… 105
- 歹某学挪用公款案 …… 118
- 任润厚受贿、巨额财产来源不明违法所得没收案 …… 134
- 彭旭峰受贿，贾斯语受贿、洗钱违法所得没收案 …… 138
- 赛跃、韩成武受贿、食品监管渎职案 …… 143
- 胡林贵等人生产、销售有毒、有害食品，行贿骆梅、刘康素销售伪劣产品朱伟全、曾伟中生产、销售伪劣产品黎达文等人受贿、食品监管渎职案 …… 143

- 杨周武玩忽职守、徇私枉法、受贿案 …………………………… 144
- 潘玉梅、陈宁受贿案 …………………………………………… 144
- 刘某东贪污、受贿案 …………………………………………… 145
- 程某志受贿案 …………………………………………………… 145
- 陈某某行贿、对有影响力的人行贿、对非国家工作人员行贿案 …… 162
- 郭某某行贿案 …………………………………………………… 166
- 河南高某某行贿案 ……………………………………………… 169
- 四川刘某富行贿、非法采矿案 ………………………………… 170
- 马某某、徐某某等九人系列行贿案 …………………………… 177
- 张某、陆某行贿案 ……………………………………………… 180
- 陆某某受贿、行贿案 …………………………………………… 183
- 山东薛某某行贿、串通投标案 ………………………………… 186
- 江西王某某行贿案 ……………………………………………… 188
- 浙江贵某贵金属有限公司、李某某单位行贿案 ……………… 194

中华人民共和国刑法（节录）

（1979 年 7 月 1 日第五届全国人民代表大会第二次会议通过　1997 年 3 月 14 日第八届全国人民代表大会第五次会议修订　根据 1998 年 12 月 29 日第九届全国人民代表大会常务委员会第六次会议通过的《全国人民代表大会常务委员会关于惩治骗购外汇、逃汇和非法买卖外汇犯罪的决定》、1999 年 12 月 25 日第九届全国人民代表大会常务委员会第十三次会议通过的《中华人民共和国刑法修正案》、2001 年 8 月 31 日第九届全国人民代表大会常务委员会第二十三次会议通过的《中华人民共和国刑法修正案（二）》、2001 年 12 月 29 日第九届全国人民代表大会常务委员会第二十五次会议通过的《中华人民共和国刑法修正案（三）》、2002 年 12 月 28 日第九届全国人民代表大会常务委员会第三十一次会议通过的《中华人民共和国刑法修正案（四）》、2005 年 2 月 28 日第十届全国人民代表大会常务委员会第十四次会议通过的《中华人民共和国刑法修正案（五）》、2006 年 6 月 29 日第十届全国人民代表大会常务委员会第二十二次会议通过的《中华人民共和国刑法修正案（六）》、2009 年 2 月 28 日第十一届全国人民代表大会常务委员会第七次会议通过的《中华人民共和国刑法修正案（七）》、2009 年 8 月 27 日第十一届全国人民代表大会常务委员会第十次会议通过的《全国人民代表大会常务委员会关于修改部分法律的决定》、2011 年 2 月 25 日第十一届全国人民代表大会常务委员会第十九次会议通过的《中华人民共和国刑法修正案（八）》、2015 年 8 月 29 日第十二届全国人民代表大会常务委员会第十六次会议通过的《中华人民共和国刑法修正案

（九）》、2017年11月4日第十二届全国人民代表大会常务委员会第三十次会议通过的《中华人民共和国刑法修正案（十）》、2020年12月26日第十三届全国人民代表大会常务委员会第二十四次会议通过的《中华人民共和国刑法修正案（十一）》和2023年12月29日第十四届全国人民代表大会常务委员会第七次会议通过的《中华人民共和国刑法修正案（十二）》修正)①

第三章　破坏社会主义市场经济秩序罪

第三节　妨害对公司、企业的管理秩序罪

第一百五十八条　虚报注册资本罪

申请公司登记使用虚假证明文件或者采取其他欺诈手段虚报注册资本，欺骗公司登记主管部门，取得公司登记，虚报注册资本数额巨大、后果严重或者有其他严重情节的，处三年以下有期徒刑或者拘役，并处或者单处虚报注册资本金额百分之一以上百分之五以下罚金。

单位犯前款罪的，对单位判处罚金，并对其直接负责的主管人员和其他直接责任人员，处三年以下有期徒刑或者拘役。

要点提示

根据本条规定，本罪有以下几个构成要件：（1）犯罪主体是特殊主体，即必须是申请公司登记的个人或者单位。这里所说的"公司"，是指

---

① 刑法、历次刑法修正案、涉及修改刑法的决定的施行日期，分别依据各法律所规定的施行日期确定。另，条文主旨为编者所加，参照了相关司法解释。

2023年《公司法》第二条规定的有限责任公司和股份有限公司。（2）行为人在客观上必须实施了使用虚假证明文件或者采取其他欺诈手段虚报注册资本，欺骗公司登记主管部门的行为。这里所说的"证明文件"，主要是指依法设立的注册会计师事务所和审计师事务所等法定验资机构依法对申请公司登记的人的出资所出具的验资报告、资产评估报告、验资证明等材料。（3）行为人必须取得了公司登记，而且虚报注册资本数额巨大、后果严重或者有其他严重情节的，才构成犯罪。"取得公司登记"，是指经市场监督管理部门审查确认并签发营业执照，还包括取得公司设立登记和变更登记的情况。如果在申请登记过程中，市场监督管理部门发现其使用的是虚假的证明文件或者采取了欺诈手段，没有予以登记，不构成本罪。因此"取得公司登记"是区分罪与非罪的一个重要界限。虚报注册资本必须有"数额巨大"、后果严重或者有其他严重情节的，才构成犯罪，这是本罪区分罪与非罪的另一界限。如果虚报注册资本，欺骗公司登记主管机关，数额不大，后果不严重，也没有其他严重情节，就不构成犯罪。

这里需要补充说明的是，根据《全国人民代表大会常务委员会关于〈中华人民共和国刑法〉第一百五十八条、第一百五十九条的解释》规定，刑法第一百五十八条、第一百五十九条的规定只适用于依法实行注册资本实缴登记制的公司。2023年《公司法》第四十七条规定："有限责任公司的注册资本为在公司登记机关登记的全体股东认缴的出资额。全体股东认缴的出资额由股东按照公司章程的规定自公司成立之日起五年内缴足。法律、行政法规以及国务院决定对有限责任公司注册资本实缴、注册资本最低限额、股东出资期限另有规定的，从其规定。"根据该规定，除法律、行政法规和国务院另有规定实行注册资本实缴登记制的公司以外，对于实行注册资本认缴登记制的公司，法律已不再将实收资本作为公司登记的法定条件。实践中如果出现股东有虚假出资、抽逃出资等行为的，除应当按照公司章程规定向公司足额缴纳出资外，还应当依法承担相应的违约责任等，对此可由其他股东依法主张权利，可以不再依照刑法第一百五十八条、第一百五十九条的规定追究刑事责任。对于法律、行政法规和国务院规定实行注册资本实缴登记制的公司，刑法第一百五十八条、第一百五十九条的规定仍然适用。

关联规定

1.《公司法》（2023年12月29日）①

第二条 本法所称公司，是指依照本法在中华人民共和国境内设立的有限责任公司和股份有限公司。

第四十七条 有限责任公司的注册资本为在公司登记机关登记的全体股东认缴的出资额。全体股东认缴的出资额由股东按照公司章程的规定自公司成立之日起五年内缴足。

法律、行政法规以及国务院决定对有限责任公司注册资本实缴、注册资本最低限额、股东出资期限另有规定的，从其规定。

第五十三条 公司成立后，股东不得抽逃出资。

违反前款规定的，股东应当返还抽逃的出资；给公司造成损失的，负有责任的董事、监事、高级管理人员应当与该股东承担连带赔偿责任。

第二百五十二条 公司的发起人、股东虚假出资，未交付或者未按期交付作为出资的货币或者非货币财产的，由公司登记机关责令改正，可以处以五万元以上二十万元以下的罚款；情节严重的，处以虚假出资或者未出资金额百分之五以上百分之十五以下的罚款；对直接负责的主管人员和其他直接责任人员处以一万元以上十万元以下的罚款。

第二百五十三条 公司的发起人、股东在公司成立后，抽逃其出资的，由公司登记机关责令改正，处以所抽逃出资金额百分之五以上百分之十五以下的罚款；对直接负责的主管人员和其他直接责任人员处以三万元以上三十万元以下的罚款。

---

① 本书收录法律文件的日期为公布时间或最后一次修订、修正时间，下同。

2.《全国人民代表大会常务委员会关于〈中华人民共和国刑法〉第一百五十八条、第一百五十九条的解释》（2014年4月24日）

全国人民代表大会常务委员会讨论了公司法修改后刑法第一百五十八条、第一百五十九条对实行注册资本实缴登记制、认缴登记制的公司的适用范围问题，解释如下：

刑法第一百五十八条、第一百五十九条的规定，只适用于依法实行注册资本实缴登记制的公司。

现予公告。

3.《最高人民检察院、公安部关于公安机关管辖的刑事案件立案追诉标准的规定（二）》（2022年4月6日）

第三条　〔虚报注册资本案（刑法第一百五十八条）〕申请公司登记使用虚假证明文件或者采取其他欺诈手段虚报注册资本，欺骗公司登记主管部门，取得公司登记，涉嫌下列情形之一的，应予立案追诉：

（一）法定注册资本最低限额在六百万元以下，虚报数额占其应缴出资数额百分之六十以上的；

（二）法定注册资本最低限额超过六百万元，虚报数额占其应缴出资数额百分之三十以上的；

（三）造成投资者或者其他债权人直接经济损失累计数额在五十万元以上的；

（四）虽未达到上述数额标准，但具有下列情形之一的：

1. 二年内因虚报注册资本受过二次以上行政处罚，又虚报注册资本的；

2. 向公司登记主管人员行贿的；

3. 为进行违法活动而注册的。

（五）其他后果严重或者有其他严重情节的情形。

本条只适用于依法实行注册资本实缴登记制的公司。

第一百五十九条　虚假出资、抽逃出资罪

公司发起人、股东违反公司法的规定未交付货币、实物或者未转移财产权，虚假出资，或者在公司成立后又抽逃其出资，数额巨大、后果严重或者有其他严重情节的，处五年以下有期徒刑或者拘役，并处或者单处虚假出资金额或者抽逃出资金额百分之二以上百分之十以下罚金。

单位犯前款罪的，对单位判处罚金，并对其直接负责的主管人员和其他直接责任人员，处五年以下有期徒刑或者拘役。

◆ 要点提示

本罪与虚报注册资本罪都有"虚假"的行为，但虚报注册资本罪"虚假"的目的是骗取公司登记，即欺骗的是公司登记机关，而虚假出资、抽逃出资罪中"虚假"的目的主要是吸引其他发起人或股东的投资，即欺骗的是其他发起人或股东。再者，虚报注册资本罪的行为只能发生在公司成立、登记之前，而虚假出资、抽逃出资罪则发生在公司成立过程中或公司成立之后。

◆ 关联规定

1.《公司法》（2023年12月29日）

第五十三条　公司成立后，股东不得抽逃出资。

违反前款规定的，股东应当返还抽逃的出资；给公司造成损失的，负有责任的董事、监事、高级管理人员应当与该股东承担连带赔偿责任。

第二百五十二条　公司的发起人、股东虚假出资，未交付或者未按期交付作为出资的货币或者非货币财产的，由公司登记机关责令改正，可以处以五万元以上二十万元以下的罚款；情节严重的，处以虚假出资或者未出资金额百分之五以上百分之十五以下的罚款；对直接负责的主管人员和其他直接责任人员处以一万元以上十万元以下的罚款。

第二百五十三条　公司的发起人、股东在公司成立后，抽逃其出资

的，由公司登记机关责令改正，处以所抽逃出资金额百分之五以上百分之十五以下的罚款；对直接负责的主管人员和其他直接责任人员处以三万元以上三十万元以下的罚款。

2.《市场主体登记管理条例》（2021年7月27日）

第四十五条 实行注册资本实缴登记制的市场主体虚报注册资本取得市场主体登记的，由登记机关责令改正，处虚报注册资本金额5%以上15%以下的罚款；情节严重的，吊销营业执照。

实行注册资本实缴登记制的市场主体的发起人、股东虚假出资，未交付或者未按期交付作为出资的货币或者非货币财产的，或者在市场主体成立后抽逃出资的，由登记机关责令改正，处虚假出资金额5%以上15%以下的罚款。

3.《全国人民代表大会常务委员会关于〈中华人民共和国刑法〉第一百五十八条、第一百五十九条的解释》（2014年4月24日）

全国人民代表大会常务委员会讨论了公司法修改后刑法第一百五十八条、第一百五十九条对实行注册资本实缴登记制、认缴登记制的公司的适用范围问题，解释如下：

刑法第一百五十八条、第一百五十九条的规定，只适用于依法实行注册资本实缴登记制的公司。

现予公告。

4.《最高人民检察院、公安部关于公安机关管辖的刑事案件立案追诉标准的规定（二）》（2022年4月6日）

第四条 〔虚假出资、抽逃出资案（刑法第一百五十九条）〕公司发起人、股东违反公司法的规定未交付货币、实物或者未转移财产权，虚假出资，或者在公司成立后又抽逃其出资，涉嫌下列情形之一的，应予立案追诉：

（一）法定注册资本最低限额在六百万元以下，虚假出资、抽逃出资数额占其应缴出资数额百分之六十以上的；

（二）法定注册资本最低限额超过六百万元，虚假出资、抽逃出资数额占其应缴出资数额百分之三十以上的；

（三）造成公司、股东、债权人的直接经济损失累计数额在五十万元以上的；

（四）虽未达到上述数额标准，但具有下列情形之一的：

1. 致使公司资不抵债或者无法正常经营的；

2. 公司发起人、股东合谋虚假出资、抽逃出资的；

3. 二年内因虚假出资、抽逃出资受过二次以上行政处罚，又虚假出资、抽逃出资的；

4. 利用虚假出资、抽逃出资所得资金进行违法活动的。

（五）其他后果严重或者有其他严重情节的情形。

本条只适用于依法实行注册资本实缴登记制的公司。

5.《最高人民法院关于适用〈中华人民共和国公司法〉若干问题的规定（三）》（2020年12月29日）

第十二条 公司成立后，公司、股东或者公司债权人以相关股东的行为符合下列情形之一且损害公司权益为由，请求认定该股东抽逃出资的，人民法院应予支持：

（一）制作虚假财务会计报表虚增利润进行分配；

（二）通过虚构债权债务关系将其出资转出；

（三）利用关联交易将出资转出；

（四）其他未经法定程序将出资抽回的行为。

第十四条 股东抽逃出资，公司或者其他股东请求其向公司返还出资本息、协助抽逃出资的其他股东、董事、高级管理人员或者实际控制人对此承担连带责任的，人民法院应予支持。

公司债权人请求抽逃出资的股东在抽逃出资本息范围内对公司债务不能清偿的部分承担补充赔偿责任、协助抽逃出资的其他股东、董事、高级管理人员或者实际控制人对此承担连带责任的，人民法院应予支持；抽逃出资的股东已经承担上述责任，其他债权人提出相同请求的，人民法院不予支持。

6.《国务院关于印发注册资本登记制度改革方案的通知》（2014年2月7日）

二、放松市场主体准入管制，切实优化营商环境

（一）实行注册资本认缴登记制。公司股东认缴的出资总额或者发起人认购的股本总额（即公司注册资本）应当在工商行政管理机关登记。公司股东（发起人）应当对其认缴出资额、出资方式、出资期限等自主约定，并记载于公司章程。有限责任公司的股东以其认缴的出资额为限对公司承担责任，股份有限公司的股东以其认购的股份为限对公司承担责任。公司应当将股东认缴出资额或者发起人认购股份、出资方式、出资期限、缴纳情况通过市场主体信用信息公示系统向社会公示。公司股东（发起人）对缴纳出资情况的真实性、合法性负责。

放宽注册资本登记条件。除法律、行政法规以及国务院决定对特定行业注册资本最低限额另有规定的外，取消有限责任公司最低注册资本3万元、一人有限责任公司最低注册资本10万元、股份有限公司最低注册资本500万元的限制。不再限制公司设立时全体股东（发起人）的首次出资比例，不再限制公司全体股东（发起人）的货币出资金额占注册资本的比例，不再规定公司股东（发起人）缴足出资的期限。

公司实收资本不再作为工商登记事项。公司登记时，无需提交验资报告。

现行法律、行政法规以及国务院决定明确规定实行注册资本实缴登记制的银行业金融机构、证券公司、期货公司、基金管理公司、保险公司、保险专业代理机构和保险经纪人、直销企业、对外劳务合作企业、融资性担保公司、募集设立的股份有限公司，以及劳务派遣企业、典当行、保险资产管理公司、小额贷款公司实行注册资本认缴登记制问题，另行研究决定。在法律、行政法规以及国务院决定未修改前，暂按现行规定执行。

已经实行申报（认缴）出资登记的个人独资企业、合伙企业、农民专业合作社仍按现行规定执行。

鼓励、引导、支持国有企业、集体企业等非公司制企业法人实施规范

的公司制改革，实行注册资本认缴登记制。

积极研究探索新型市场主体的工商登记。

附件：暂不实行注册资本认缴登记制的行业

序号	名　　称	依　　据
1	采取募集方式设立的股份有限公司	《中华人民共和国公司法》
2	商业银行	《中华人民共和国商业银行法》
3	外资银行	《中华人民共和国外资银行管理条例》
4	金融资产管理公司	《金融资产管理公司条例》
5	信托公司	《中华人民共和国银行业监督管理法》
6	财务公司	《中华人民共和国银行业监督管理法》
7	金融租赁公司	《中华人民共和国银行业监督管理法》
8	汽车金融公司	《中华人民共和国银行业监督管理法》
9	消费金融公司	《中华人民共和国银行业监督管理法》
10	货币经纪公司	《中华人民共和国银行业监督管理法》
11	村镇银行	《中华人民共和国银行业监督管理法》
12	贷款公司	《中华人民共和国银行业监督管理法》
13	农村信用合作联社	《中华人民共和国银行业监督管理法》
14	农村资金互助社	《中华人民共和国银行业监督管理法》
15	证券公司	《中华人民共和国证券法》
16	期货公司	《期货交易管理条例》
17	基金管理公司	《中华人民共和国证券投资基金法》
18	保险公司	《中华人民共和国保险法》
19	保险专业代理机构、保险经纪人	《中华人民共和国保险法》
20	外资保险公司	《中华人民共和国外资保险公司管理条例》
21	直销企业	《直销管理条例》
22	对外劳务合作企业	《对外劳务合作管理条例》
23	融资性担保公司	《融资性担保公司管理暂行办法》
24	劳务派遣企业	2013年10月25日国务院第28次常务会议决定
25	典当行	2013年10月25日国务院第28次常务会议决定
26	保险资产管理公司	2013年10月25日国务院第28次常务会议决定
27	小额贷款公司	2013年10月25日国务院第28次常务会议决定

典型案例

某小额贷款公司、某集团公司与某银行、某会计师事务所、某实业公司、某投资担保公司损害公司债权人利益责任案[①]

某小额贷款公司对某投资担保公司享有经过生效判决确定的担保债权。某小额贷款公司诉请某投资担保公司的股东某集团公司、某实业公司分别在抽逃出资的范围内对某投资担保公司的债务承担连带赔偿责任。某银行、某会计师事务所在虚假验资的范围内对上述债务未足额清偿部分承担赔偿责任。

另据查明的事实：1. 2018年5月23日，某投资担保公司召开股东会，一致同意公司增资扩股，原股东某集团公司认缴新增注册资本17.55亿元，新股东某实业公司认缴3.85亿元等；2. 为履行增资决议，2018年5月28日，某集团公司将第一笔投资款3.81亿元汇入某投资担保公司账户，某投资担保公司以债权投资形式把该3.81亿元转入有关合作社及其他单位，后者把该款项转入某基金账户，某基金账户又通过减资的形式把该款项退回某集团公司账户，某集团公司再次将3.81亿元以增资款形式汇入某投资担保公司，如此循环六次，金额达到17.55亿元以上，某实业公司也以同样方式进行增资，金额达到3.85亿元以上，某投资担保公司的注册资金达到30亿元；3. 2018年5月28日，某银行向某会计师事务所出具四份《银行询证函回函》，分别载明：收到某集团公司投资款金额3.28亿元、3.25亿元、3.28亿元、1.494亿元。同日，某会计师事务所向某投资担保公司出具《验资报告》，载明：截至2018年5月28日止，某投资担保公司已收到股东某集团公司新增注册资本17.55亿元，收到某实业公司出资3.85亿元。

河南省郑州市中级人民法院一审判决：一、某集团公司在其未履行出资、抽逃出资数额17.55亿元的范围内对某投资担保公司所承担的连带清偿责任向某小额贷款公司承担补充赔偿责任。二、某实业公司在其未履行

[①] 《2021年全国法院十大商事案件》，载最高人民法院网站，https://www.court.gov.cn/zixun/xiangqing/344441.html，2024年1月3日访问。

出资、抽逃出资数额 3.85 亿元的范围内对某投资担保公司所承担的连带清偿责任向某小额贷款公司承担补充赔偿责任。三、驳回某小额贷款公司的其他诉讼请求。

某小额贷款公司、某集团公司不服，上诉至河南省高级人民法院。河南高院二审认为：某集团公司将一笔资金，循环多次投入到某投资担保公司，虚增增资数额，随后此笔资金流入第三方某基金账户，某集团公司又以第三方股东的身份以减资的名义将资金收回，虽然第三方某基金账户召开合伙人会议，决议退还出资款，某集团公司也公告了减资事宜，但因最终收回的款项发生在上述增资款的循环流转中，并非实质来源于某基金账户，且此减资也未在国家企业信用信息公示系统作变更登记，应当认为某集团公司从某基金账户收回的资金并非是减资款，上述收回资金的行为属于抽逃资金，抽逃出资的股东某集团公司应当在抽逃出资的本息范围内就某投资担保公司的债务对债权人某小额贷款公司承担补充赔偿责任。某小额贷款公司没有直接的证据证明其接受某投资担保公司提供的担保是基于其增资行为，或使用了某银行、某会计师事务所在某投资担保公司增资时为其出具的《银行询证函回函》《验资报告》，某小额贷款公司未收回贷款的损失与某银行、某会计师事务所的验资行为不存在法律上的因果关系，依法不应当承担补充赔偿责任。综上，河南高院二审遂驳回上诉，维持原判。

第一百六十条　欺诈发行证券罪

在招股说明书、认股书、公司、企业债券募集办法等发行文件中隐瞒重要事实或者编造重大虚假内容，发行股票或者公司、企业债券、存托凭证或者国务院依法认定的其他证券，数额巨大、后果严重或者有其他严重情节的，处五年以下有期徒刑或者拘役，并处或者单处罚金；数额特别巨大、后果特别严重或者有其他特别严重情节的，处五年以上有期徒刑，并处罚金。

控股股东、实际控制人组织、指使实施前款行为的，处五年以下有期徒刑或者拘役，并处或者单处非法募集资金金额百分之二十以上一倍以下罚金；数额特别巨大、后果特别严重或者有其他特别严重情节的，处五年以上有期徒刑，并处非法募集资金金额百分之二十以上一倍以下罚金。

单位犯前两款罪的，对单位判处非法募集资金金额百分之二十以上一倍以下罚金，并对其直接负责的主管人员和其他直接责任人员，依照第一款的规定处罚。①

要点提示

本条所说的"在招股说明书、认股书、公司、企业债券募集办法等发行文件中隐瞒重要事实或者编造重大虚假内容"，是指违反公司法及其有关法律、法规的规定，制作的招股说明书、认股书、公司、企业债券募集办法等发行文件的内容全部都是虚构的，或者对其中重要的事项和部分内容作虚假的陈述或记载，或者对某些重要事实进行夸大或者隐瞒，或者故意遗漏有关的重要事项等。例如，虚构发起人认购股份数额；故意夸大公司、企业生产经营利润和公司、企业净资产额；对所筹资金的使用提出虚假的计划和虚假的经营生产项目；故意隐瞒公司、企业所负债务和正在进行的重大诉讼；故意遗漏公司、企业签订的重要合同等。本条所说的"发行股票或者公司、企业债券、存托凭证或者国务院依法认定的其他证券"，是指实际已经发行了股票或者公司、企业债券、存托凭证或者国务院依法认定的其他证券，如果制作了虚假的招股说明书、认股书、公司、

---

① 根据 2020 年 12 月 26 日《刑法修正案（十一）》修改。原条文为："在招股说明书、认股书、公司、企业债券募集办法中隐瞒重要事实或者编造重大虚假内容，发行股票或者公司、企业债券，数额巨大、后果严重或者有其他严重情节的，处五年以下有期徒刑或者拘役，并处或者单处非法募集资金金额百分之一以上百分之五以下罚金。

"单位犯前款罪的，对单位判处罚金，并对其直接负责的主管人员和其他直接责任人员，处五年以下有期徒刑或者拘役。"

企业债券募集办法还未来得及发行就被阻止，未实施向社会发行证券的行为，不构成犯罪。是否已经发行了前述证券是区分罪与非罪的一个重要界限。

❊ 关联规定

1.《公司法》（2023年12月29日）

第三十九条　虚报注册资本、提交虚假材料或者采取其他欺诈手段隐瞒重要事实取得公司设立登记的，公司登记机关应当依照法律、行政法规的规定予以撤销。

第一百五十四条　公司向社会公开募集股份，应当经国务院证券监督管理机构注册，公告招股说明书。

招股说明书应当附有公司章程，并载明下列事项：

（一）发行的股份总数；

（二）面额股的票面金额和发行价格或者无面额股的发行价格；

（三）募集资金的用途；

（四）认股人的权利和义务；

（五）股份种类及其权利和义务；

（六）本次募股的起止日期及逾期未募足时认股人可以撤回所认股份的说明。

公司设立时发行股份的，还应当载明发起人认购的股份数。

第二百五十条　违反本法规定，虚报注册资本、提交虚假材料或者采取其他欺诈手段隐瞒重要事实取得公司登记的，由公司登记机关责令改正，对虚报注册资本的公司，处以虚报注册资本金额百分之五以上百分之十五以下的罚款；对提交虚假材料或者采取其他欺诈手段隐瞒重要事实的公司，处以五万元以上二百万元以下的罚款；情节严重的，吊销营业执照；对直接负责的主管人员和其他直接责任人员处以三万元以上三十万元以下的罚款。

第二百五十四条　有下列行为之一的，由县级以上人民政府财政部门依照《中华人民共和国会计法》等法律、行政法规的规定处罚：

（一）在法定的会计账簿以外另立会计账簿；

（二）提供存在虚假记载或者隐瞒重要事实的财务会计报告。

第二百五十六条 公司在进行清算时，隐匿财产，对资产负债表或者财产清单作虚假记载，或者在未清偿债务前分配公司财产的，由公司登记机关责令改正，对公司处以隐匿财产或者未清偿债务前分配公司财产金额百分之五以上百分之十以下的罚款；对直接负责的主管人员和其他直接责任人员处以一万元以上十万元以下的罚款。

第二百五十七条 承担资产评估、验资或者验证的机构提供虚假材料或者提供有重大遗漏的报告的，由有关部门依照《中华人民共和国资产评估法》、《中华人民共和国注册会计师法》等法律、行政法规的规定处罚。

承担资产评估、验资或者验证的机构因其出具的评估结果、验资或者验证证明不实，给公司债权人造成损失的，除能够证明自己没有过错的外，在其评估或者证明不实的金额范围内承担赔偿责任。

---

2. 《最高人民检察院、公安部关于公安机关管辖的刑事案件立案追诉标准的规定（二）》（2022年4月6日）

第五条 〔欺诈发行证券案（刑法第一百六十条）〕在招股说明书、认股书、公司、企业债券募集办法等发行文件中隐瞒重要事实或者编造重大虚假内容，发行股票或者公司、企业债券、存托凭证或者国务院依法认定的其他证券，涉嫌下列情形之一的，应予立案追诉：

（一）非法募集资金金额在一千万元以上的；

（二）虚增或者虚减资产达到当期资产总额百分之三十以上的；

（三）虚增或者虚减营业收入达到当期营业收入总额百分之三十以上的；

（四）虚增或者虚减利润达到当期利润总额百分之三十以上的；

（五）隐瞒或者编造的重大诉讼、仲裁、担保、关联交易或者其他重大事项所涉及的数额或者连续十二个月的累计数额达到最近一期披露的净资产百分之五十以上的；

（六）造成投资者直接经济损失数额累计在一百万元以上的；

（七）为欺诈发行证券而伪造、变造国家机关公文、有效证明文件或

者相关凭证、单据的;

（八）为欺诈发行证券向负有金融监督管理职责的单位或者人员行贿的;

（九）募集的资金全部或者主要用于违法犯罪活动的;

（十）其他后果严重或者有其他严重情节的情形。

第一百六十一条　违规披露、不披露重要信息罪

依法负有信息披露义务的公司、企业向股东和社会公众提供虚假的或者隐瞒重要事实的财务会计报告，或者对依法应当披露的其他重要信息不按照规定披露，严重损害股东或者其他人利益，或者有其他严重情节的，对其直接负责的主管人员和其他直接责任人员，处五年以下有期徒刑或者拘役，并处或者单处罚金;情节特别严重的，处五年以上十年以下有期徒刑，并处罚金。

前款规定的公司、企业的控股股东、实际控制人实施或者组织、指使实施前款行为的，或者隐瞒相关事项导致前款规定的情形发生的，依照前款的规定处罚。

犯前款罪的控股股东、实际控制人是单位的，对单位判处罚金，并对其直接负责的主管人员和其他直接责任人员，依照第一款的规定处罚。①

---

① 根据2006年6月29日《刑法修正案（六）》第一次修改。原条文为:"公司向股东和社会公众提供虚假的或者隐瞒重要事实的财务会计报告，严重损害股东或者其他人利益的，对其直接负责的主管人员和其他直接责任人员，处三年以下有期徒刑或者拘役，并处或者单处二万元以上二十万元以下罚金。"

根据2020年12月26日《刑法修正案（十一）》第二次修改。原条文为:"依法负有信息披露义务的公司、企业向股东和社会公众提供虚假的或者隐瞒重要事实的财务会计报告，或者对依法应当披露的其他重要信息不按照规定披露，严重损害股东或者其他人利益，或者有其他严重情节的，对其直接负责的主管人员和其他直接责任人员，处三年以下有期徒刑或者拘役，并处或者单处二万元以上二十万元以下罚金。"

要点提示

本条规定对"严重损害股东或者其他人利益,或者有其他严重情节的"才追究刑事责任。关于损害标准,《最高人民检察院、公安部关于公安机关管辖的刑事案件立案追诉标准的规定(二)》作了具体规定,如造成股东、债权人或者其他人直接经济损失数额累计在100万元以上的,致使不符合发行条件的公司、企业骗取发行核准或者注册并且上市交易的等。

关联规定

《最高人民检察院、公安部关于公安机关管辖的刑事案件立案追诉标准的规定(二)》(2022年4月6日)

第六条 〔违规披露、不披露重要信息案(刑法第一百六十一条)〕依法负有信息披露义务的公司、企业向股东和社会公众提供虚假的或者隐瞒重要事实的财务会计报告,或者对依法应当披露的其他重要信息不按照规定披露,涉嫌下列情形之一的,应予立案追诉:

(一)造成股东、债权人或者其他人直接经济损失数额累计在一百万元以上的;

(二)虚增或者虚减资产达到当期披露的资产总额百分之三十以上的;

(三)虚增或者虚减营业收入达到当期披露的营业收入总额百分之三十以上的;

(四)虚增或者虚减利润达到当期披露的利润总额百分之三十以上的;

(五)未按照规定披露的重大诉讼、仲裁、担保、关联交易或者其他重大事项所涉及的数额或者连续十二个月的累计数额达到最近一期披露的净资产百分之五十以上的;

(六)致使不符合发行条件的公司、企业骗取发行核准或者注册并且上市交易的;

(七)致使公司、企业发行的股票或者公司、企业债券、存托凭证或者国务院依法认定的其他证券被终止上市交易的;

(八)在公司财务会计报告中将亏损披露为盈利,或者将盈利披露为亏损的；

（九）多次提供虚假的或者隐瞒重要事实的财务会计报告，或者多次对依法应当披露的其他重要信息不按照规定披露的；

（十）其他严重损害股东、债权人或者其他人利益，或者有其他严重情节的情形。

❀ 典型案例

博元投资股份有限公司、余蒂妮等人违规披露、不披露重要信息案[①]

◎ 关键词

　　违规披露、不披露重要信息　犯罪与刑罚

◎ 要旨

　　刑法规定违规披露、不披露重要信息罪只处罚单位直接负责的主管人员和其他直接责任人员，不处罚单位。公安机关以本罪将单位移送起诉的，检察机关应当对单位直接负责的主管人员及其他直接责任人员提起公诉，对单位依法作出不起诉决定。对单位需要给予行政处罚的，检察机关应当提出检察意见，移送证券监督管理部门依法处理。

◎ 基本案情

　　被告人余蒂妮，女，广东省珠海市博元投资股份有限公司董事长、法定代表人，华信泰投资有限公司法定代表人。

　　被告人陈杰，男，广东省珠海市博元投资股份有限公司总裁。

　　被告人伍宝清，男，广东省珠海市博元投资股份有限公司财务总监、华信泰投资有限公司财务人员。

　　被告人张丽萍，女，广东省珠海市博元投资股份有限公司董事、财务总监。

　　被告人罗静元，女，广东省珠海市博元投资股份有限公司监事。

　　被不起诉单位广东省珠海市博元投资股份有限公司，住所广东省珠海市。

　　广东省珠海市博元投资股份有限公司（以下简称博元公司）原系上海

[①] 最高人民检察院检例第66号。

证券交易所上市公司，股票名称：ST博元，股票代码：600656。华信泰投资有限公司（以下简称华信泰公司）为博元公司控股股东。在博元公司并购重组过程中，有关人员作出了业绩承诺，在业绩不达标时需向博元公司支付股改业绩承诺款。2011年4月，余蒂妮、陈杰、伍宝清、张丽萍、罗静元等人采取循环转账等方式虚构华信泰公司已代全体股改义务人支付股改业绩承诺款3.84亿余元的事实，在博元公司临时报告、半年报中进行披露。为掩盖以上虚假事实，余蒂妮、伍宝清、张丽萍、罗静元采取将1000万元资金循环转账等方式，虚构用股改业绩承诺款购买37张面额共计3.47亿元银行承兑汇票的事实，在博元公司2011年的年报中进行披露。2012年至2014年，余蒂妮、张丽萍多次虚构银行承兑汇票贴现等交易事实，并根据虚假的交易事实进行记账，制作虚假的财务报表，虚增资产或者虚构利润均达到当期披露的资产总额或利润总额的30%以上，并在博元公司当年半年报、年报中披露。此外，博元公司还违规不披露博元公司实际控制人及其关联公司等信息。

◎ **指控与证明犯罪**

2015年12月9日，珠海市公安局以余蒂妮等人涉嫌违规披露、不披露重要信息罪，伪造金融票证罪向珠海市人民检察院移送起诉；2016年2月22日，珠海市公安局又以博元公司涉嫌违规披露、不披露重要信息罪，伪造、变造金融票证罪移送起诉。随后，珠海市人民检察院指定珠海市香洲区人民检察院审查起诉。

检察机关审查认为，犯罪嫌疑单位博元公司依法负有信息披露义务，在2011年至2014年期间向股东和社会公众提供虚假的或者隐瞒主要事实的财务会计报告，对依法应当披露的其他重要信息不按照规定披露，严重损害股东以及其他人员的利益，情节严重。余蒂妮、陈杰作为博元公司直接负责的主管人员，伍宝清、张丽萍、罗静元作为其他直接责任人员，已构成违规披露、不披露重要信息罪，应当提起公诉。根据刑法第一百六十一条规定，不追究单位的刑事责任，对博元公司应当依法不予起诉。

2016年7月18日，珠海市香洲区人民检察院对博元公司作出不起诉决定。检察机关同时认为，虽然依照刑法规定不能追究博元公司的刑事责任，但对博元公司需要给予行政处罚。2016年9月30日，检察机关向中国证券监督管理委员会发出《检察意见书》，建议对博元公司依法给予行政处罚。

2016年9月22日，珠海市香洲区人民检察院将余蒂妮等人违规披露、不披露重要信息案移送珠海市人民检察院审查起诉。2016年11月3日，珠海市人民检察院对余蒂妮等5名被告人以违规披露、不披露重要信息罪依法提起公诉。珠海市中级人民法院公开开庭审理本案。法庭经审理认为，博元公司作为依法负有信息披露义务的公司，在2011年至2014年期间向股东和社会公众提供虚假的或者隐瞒主要事实的财务会计报告，或者对依法应当披露的其他重要信息不按照规定披露，严重损害股东或者其他人的利益，情节严重，被告人余蒂妮、陈杰作为公司直接负责的主管人员，被告人伍宝清、张丽萍、罗静元作为其他直接责任人员，其行为均构成违规披露、不披露重要信息罪。2017年2月22日，珠海市中级人民法院以违规披露、不披露重要信息罪判处被告人余蒂妮等五人有期徒刑一年七个月至拘役三个月不等刑罚，并处罚金。宣判后，五名被告人均未提出上诉，判决已生效。

◎ **指导意义**

1. 违规披露、不披露重要信息犯罪不追究单位的刑事责任。上市公司依法负有信息披露义务，违反相关义务的，刑法规定了相应的处罚。由于上市公司所涉利益群体的多元性，为避免中小股东利益遭受双重损害，刑法规定对违规披露、不披露重要信息罪只追究直接负责的主管人员和其他直接责任人员的刑事责任，不追究单位的刑事责任。刑法第一百六十二条妨害清算罪、第一百六十二条之二虚假破产罪、第一百八十五条之一违法运用资金罪等也属于此种情形。对于此类犯罪案件，检察机关应当注意审查公安机关移送起诉的内容，区分刑事责任边界，准确把握追诉的对象和范围。

2. 刑法没有规定追究单位刑事责任的，应当对单位作出不起诉决定。对公安机关将单位一并移送起诉的案件，如果刑法没有规定对单位判处刑罚，检察机关应当对构成犯罪的直接负责的主管人员和其他直接责任人员依法提起公诉，对单位应当不起诉。鉴于刑事诉讼法没有规定与之对应的不起诉情形，检察机关可以根据刑事诉讼法规定的最相近的不起诉情形，对单位作出不起诉决定。

3. 对不追究刑事责任的单位，人民检察院应当依法提出检察意见督促有关机关追究行政责任。不追究单位的刑事责任并不表示单位不需要承担任何法律责任。检察机关不追究单位刑事责任，容易引起当事人、社会公众产生单位对违规披露、不披露重要信息没有任何法律责任的误解。由于违规披露、不披露重要信息行为，还可能产生上市公司强制退市等后果，这种误解还会进一步引起当事人、社会公众对证券监督管理部门、证券交易所采取措施的质疑，影响证券市场秩序。检察机关在审查起诉时，应当充分考虑办案效果，根据证券法等法律规定认真审查是否需要对单位给予行政处罚；需要给予行政处罚的，应当及时向证券监督管理部门提出检察意见，并进行充分的释法说理，消除当事人、社会公众因检察机关不追究可能产生的单位无任何责任的误解，避免对证券市场秩序造成负面影响。

◎ 相关规定

《中华人民共和国刑法》第三十条、第三十一条、第一百六十一条
《中华人民共和国证券法》第一百九十三条

第一百六十二条　妨害清算罪

> 公司、企业进行清算时，隐匿财产，对资产负债表或者财产清单作虚伪记载或者在未清偿债务前分配公司、企业财产，严重损害债权人或者其他人利益的，对其直接负责的主管人员和其他直接责任人员，处五年以下有期徒刑或者拘役，并处或者单处二万元以上二十万元以下罚金。

关联规定

1. 《公司法》（2023年12月29日）

第十二章　公司解散和清算

第二百二十九条　公司因下列原因解散：

（一）公司章程规定的营业期限届满或者公司章程规定的其他解散事由出现；

（二）股东会决议解散；

（三）因公司合并或者分立需要解散；

（四）依法被吊销营业执照、责令关闭或者被撤销；

（五）人民法院依照本法第二百三十一条的规定予以解散。

公司出现前款规定的解散事由，应当在十日内将解散事由通过国家企业信用信息公示系统予以公示。

第二百三十条 公司有前条第一款第一项、第二项情形，且尚未向股东分配财产的，可以通过修改公司章程或者经股东会决议而存续。

依照前款规定修改公司章程或者经股东会决议，有限责任公司须经持有三分之二以上表决权的股东通过，股份有限公司须经出席股东会会议的股东所持表决权的三分之二以上通过。

第二百三十一条 公司经营管理发生严重困难，继续存续会使股东利益受到重大损失，通过其他途径不能解决的，持有公司百分之十以上表决权的股东，可以请求人民法院解散公司。

第二百三十二条 公司因本法第二百二十九条第一款第一项、第二项、第四项、第五项规定而解散的，应当清算。董事为公司清算义务人，应当在解散事由出现之日起十五日内组成清算组进行清算。

清算组由董事组成，但是公司章程另有规定或者股东会决议另选他人的除外。

清算义务人未及时履行清算义务，给公司或者债权人造成损失的，应当承担赔偿责任。

第二百三十三条 公司依照前条第一款的规定应当清算，逾期不成立清算组进行清算或者成立清算组后不清算的，利害关系人可以申请人民法院指定有关人员组成清算组进行清算。人民法院应当受理该申请，并及时组织清算组进行清算。

公司因本法第二百二十九条第一款第四项的规定而解散的，作出吊销营业执照、责令关闭或者撤销决定的部门或者公司登记机关，可以申请人民法院指定有关人员组成清算组进行清算。

第二百三十四条　清算组在清算期间行使下列职权：

（一）清理公司财产，分别编制资产负债表和财产清单；

（二）通知、公告债权人；

（三）处理与清算有关的公司未了结的业务；

（四）清缴所欠税款以及清算过程中产生的税款；

（五）清理债权、债务；

（六）分配公司清偿债务后的剩余财产；

（七）代表公司参与民事诉讼活动。

第二百三十五条　清算组应当自成立之日起十日内通知债权人，并于六十日内在报纸上或者国家企业信用信息公示系统公告。债权人应当自接到通知之日起三十日内，未接到通知的自公告之日起四十五日内，向清算组申报其债权。

债权人申报债权，应当说明债权的有关事项，并提供证明材料。清算组应当对债权进行登记。

在申报债权期间，清算组不得对债权人进行清偿。

第二百三十六条　清算组在清理公司财产、编制资产负债表和财产清单后，应当制订清算方案，并报股东会或者人民法院确认。

公司财产在分别支付清算费用、职工的工资、社会保险费用和法定补偿金，缴纳所欠税款，清偿公司债务后的剩余财产，有限责任公司按照股东的出资比例分配，股份有限公司按照股东持有的股份比例分配。

清算期间，公司存续，但不得开展与清算无关的经营活动。公司财产在未依照前款规定清偿前，不得分配给股东。

第二百三十七条　清算组在清理公司财产、编制资产负债表和财产清单后，发现公司财产不足清偿债务的，应当依法向人民法院申请破产清算。

人民法院受理破产申请后，清算组应当将清算事务移交给人民法院指定的破产管理人。

第二百三十八条　清算组成员履行清算职责，负有忠实义务和勤勉义务。

清算组成员怠于履行清算职责，给公司造成损失的，应当承担赔偿责任；因故意或者重大过失给债权人造成损失的，应当承担赔偿责任。

第二百三十九条 公司清算结束后，清算组应当制作清算报告，报股东会或者人民法院确认，并报送公司登记机关，申请注销公司登记。

第二百四十条 公司在存续期间未产生债务，或者已清偿全部债务的，经全体股东承诺，可以按照规定通过简易程序注销公司登记。

通过简易程序注销公司登记，应当通过国家企业信用信息公示系统予以公告，公告期限不少于二十日。公告期限届满后，未有异议的，公司可以在二十日内向公司登记机关申请注销公司登记。

公司通过简易程序注销公司登记，股东对本条第一款规定的内容承诺不实的，应当对注销登记前的债务承担连带责任。

第二百四十一条 公司被吊销营业执照、责令关闭或者被撤销，满三年未向公司登记机关申请注销公司登记的，公司登记机关可以通过国家企业信用信息公示系统予以公告，公告期限不少于六十日。公告期限届满后，未有异议的，公司登记机关可以注销公司登记。

依照前款规定注销公司登记的，原公司股东、清算义务人的责任不受影响。

第二百四十二条 公司被依法宣告破产的，依照有关企业破产的法律实施破产清算。

2.《企业破产法》（2006年8月27日）

第十章 破产清算

第一节 破产宣告

第一百零七条 人民法院依照本法规定宣告债务人破产的，应当自裁定作出之日起五日内送达债务人和管理人，自裁定作出之日起十日内通知已知债权人，并予以公告。

债务人被宣告破产后，债务人称为破产人，债务人财产称为破产财产，人民法院受理破产申请时对债务人享有的债权称为破产债权。

第一百零八条 破产宣告前，有下列情形之一的，人民法院应当裁定终结破产程序，并予以公告：

(一) 第三人为债务人提供足额担保或者为债务人清偿全部到期债务的；

(二) 债务人已清偿全部到期债务的。

第一百零九条 对破产人的特定财产享有担保权的权利人，对该特定财产享有优先受偿的权利。

第一百一十条 享有本法第一百零九条规定权利的债权人行使优先受偿权利未能完全受偿的，其未受偿的债权作为普通债权；放弃优先受偿权利的，其债权作为普通债权。

第二节 变价和分配

第一百一十一条 管理人应当及时拟订破产财产变价方案，提交债权人会议讨论。

管理人应当按照债权人会议通过的或者人民法院依照本法第六十五条第一款规定裁定的破产财产变价方案，适时变价出售破产财产。

第一百一十二条 变价出售破产财产应当通过拍卖进行。但是，债权人会议另有决议的除外。

破产企业可以全部或者部分变价出售。企业变价出售时，可以将其中的无形资产和其他财产单独变价出售。

按照国家规定不能拍卖或者限制转让的财产，应当按照国家规定的方式处理。

第一百一十三条 破产财产在优先清偿破产费用和共益债务后，依照下列顺序清偿：

(一) 破产人所欠职工的工资和医疗、伤残补助、抚恤费用，所欠的应当划入职工个人账户的基本养老保险、基本医疗保险费用，以及法律、行政法规规定应当支付给职工的补偿金；

(二) 破产人欠缴的除前项规定以外的社会保险费用和破产人所欠税款；

(三) 普通破产债权。

破产财产不足以清偿同一顺序的清偿要求的，按照比例分配。

破产企业的董事、监事和高级管理人员的工资按照该企业职工的平均工资计算。

第一百一十四条 破产财产的分配应当以货币分配方式进行。但是，债权人会议另有决议的除外。

第一百一十五条 管理人应当及时拟订破产财产分配方案，提交债权人会议讨论。

破产财产分配方案应当载明下列事项：

（一）参加破产财产分配的债权人名称或者姓名、住所；

（二）参加破产财产分配的债权额；

（三）可供分配的破产财产数额；

（四）破产财产分配的顺序、比例及数额；

（五）实施破产财产分配的方法。

债权人会议通过破产财产分配方案后，由管理人将该方案提请人民法院裁定认可。

第一百一十六条 破产财产分配方案经人民法院裁定认可后，由管理人执行。

管理人按照破产财产分配方案实施多次分配的，应当公告本次分配的财产额和债权额。管理人实施最后分配的，应当在公告中指明，并载明本法第一百一十七条第二款规定的事项。

第一百一十七条 对于附生效条件或者解除条件的债权，管理人应当将其分配额提存。

管理人依照前款规定提存的分配额，在最后分配公告日，生效条件未成就或者解除条件成就的，应当分配给其他债权人；在最后分配公告日，生效条件成就或者解除条件未成就的，应当交付给债权人。

第一百一十八条 债权人未受领的破产财产分配额，管理人应当提存。债权人自最后分配公告之日起满二个月仍不领取的，视为放弃受领分配的权利，管理人或者人民法院应当将提存的分配额分配给其他债权人。

第一百一十九条 破产财产分配时，对于诉讼或者仲裁未决的债权，管理人应当将其分配额提存。自破产程序终结之日起满二年仍不能受领分配的，人民法院应当将提存的分配额分配给其他债权人。

第三节　破产程序的终结

第一百二十条　破产人无财产可供分配的，管理人应当请求人民法院裁定终结破产程序。

管理人在最后分配完结后，应当及时向人民法院提交破产财产分配报告，并提请人民法院裁定终结破产程序。

人民法院应当自收到管理人终结破产程序的请求之日起十五日内作出是否终结破产程序的裁定。裁定终结的，应当予以公告。

第一百二十一条　管理人应当自破产程序终结之日起十日内，持人民法院终结破产程序的裁定，向破产人的原登记机关办理注销登记。

第一百二十二条　管理人于办理注销登记完毕的次日终止执行职务。但是，存在诉讼或者仲裁未决情况的除外。

第一百二十三条　自破产程序依照本法第四十三条第四款或者第一百二十条的规定终结之日起二年内，有下列情形之一的，债权人可以请求人民法院按照破产财产分配方案进行追加分配：

（一）发现有依照本法第三十一条、第三十二条、第三十三条、第三十六条规定应当追回的财产的；

（二）发现破产人有应当供分配的其他财产的。

有前款规定情形，但财产数量不足以支付分配费用的，不再进行追加分配，由人民法院将其上交国库。

第一百二十四条　破产人的保证人和其他连带债务人，在破产程序终结后，对债权人依照破产清算程序未受清偿的债权，依法继续承担清偿责任。

3.《最高人民检察院、公安部关于公安机关管辖的刑事案件立案追诉标准的规定（二）》（2022年4月6日）

第七条　〔妨害清算案（刑法第一百六十二条）〕公司、企业进行清算时，隐匿财产，对资产负债表或者财产清单作虚伪记载或者在未清偿债务前分配公司、企业财产，涉嫌下列情形之一的，应予立案追诉：

（一）隐匿财产价值在五十万元以上的；

（二）对资产负债表或者财产清单作虚伪记载涉及金额在五十万元以上的；

（三）在未清偿债务前分配公司、企业财产价值在五十万元以上的；

（四）造成债权人或者其他人直接经济损失数额累计在十万元以上的；

（五）虽未达到上述数额标准，但应清偿的职工的工资、社会保险费用和法定补偿金得不到及时清偿，造成恶劣社会影响的；

（六）其他严重损害债权人或者其他人利益的情形。

4.《全国人民代表大会常务委员会法制工作委员会关于对"隐匿、销毁会计凭证、会计账簿、财务会计报告构成犯罪的主体范围"问题的答复意见》（2002年1月14日）

审计署：

你署2001年11月22日来函（审函〔2001〕126号）收悉，经研究，现答复如下：

根据全国人大常委会1999年12月25日刑法修正案第一条的规定，任何单位和个人在办理会计事务时对依法应当保存的会计凭证、会计账簿、财务会计报告，进行隐匿、销毁，情节严重的，构成犯罪，应当依法追究其刑事责任。

根据刑事诉讼法第十八条关于刑事案件侦查管辖的规定，除法律规定的特定案件由人民检察院立案侦查以外，其他刑事案件的侦查应由公安机关进行。隐匿、销毁会计凭证、会计账簿、财务会计报告，构成犯罪的，应当由公安机关立案侦查。

第一百六十二条之一　隐匿、故意销毁会计凭证、会计帐簿、财务会计报告罪

隐匿或者故意销毁依法应当保存的会计凭证、会计帐簿、财务会计报告，情节严重的，处五年以下有期徒刑或者拘役，并处或者单处二万元以上二十万元以下罚金。

单位犯前款罪的，对单位判处罚金，并对其直接负责的主管人员和其他直接责任人员，依照前款的规定处罚。①

关联规定

《最高人民检察院、公安部关于公安机关管辖的刑事案件立案追诉标准的规定（二）》（2022年4月6日）

第八条 〔隐匿、故意销毁会计凭证、会计帐簿、财务会计报告案（刑法第一百六十二条之一）〕隐匿或者故意销毁依法应当保存的会计凭证、会计帐簿、财务会计报告，涉嫌下列情形之一的，应予立案追诉：

（一）隐匿、故意销毁的会计凭证、会计帐簿、财务会计报告涉及金额在五十万元以上的；

（二）依法应当向监察机关、司法机关、行政机关、有关主管部门等提供而隐匿、故意销毁或者拒不交出会计凭证、会计帐簿、财务会计报告的；

（三）其他情节严重的情形。

第一百六十二条之二　虚假破产罪

公司、企业通过隐匿财产、承担虚构的债务或者以其他方法转移、处分财产，实施虚假破产，严重损害债权人或者其他人利益的，对其直接负责的主管人员和其他直接责任人员，处五年以下有期徒刑或者拘役，并处或者单处二万元以上二十万元以下罚金。②

---

① 根据1999年12月25日《刑法修正案》增加。
② 根据2006年6月29日《刑法修正案（六）》增加。

要点提示

在实际执行中应注意本罪与《刑法》第一百六十二条规定的妨害清算罪的区别。这两个罪的主体都是公司、企业，犯罪目的可能都是逃避债务，行为上都可能有隐匿公司、企业财产的行为。但这两个罪有着明显的区别，妨害清算罪的犯罪行为发生在公司、企业进入清算程序以后，破坏的是对公司、企业进行清算的正确秩序，至于公司、企业进行清算的原因则是真实的；而本罪的犯罪行为主要发生在公司、企业进入破产程序之前，是制造不符合破产条件的公司、企业不能清偿到期债务或者资不抵债，需要进行破产清算的假象。是否进入清算程序是区分本罪和妨害清算罪的关键。

关联规定

1.《刑法》（2023年12月29日）

第一百六十二条　公司、企业进行清算时，隐匿财产，对资产负债表或者财产清单作虚伪记载或者在未清偿债务前分配公司、企业财产，严重损害债权人或者其他人利益的，对其直接负责的主管人员和其他直接责任人员，处五年以下有期徒刑或者拘役，并处或者单处二万元以上二十万元以下罚金。

2.《最高人民检察院、公安部关于公安机关管辖的刑事案件立案追诉标准的规定（二）》（2022年4月6日）

第九条　〔虚假破产案（刑法第一百六十二条之二）〕公司、企业通过隐匿财产、承担虚构的债务或者以其他方法转移、处分财产，实施虚假破产，涉嫌下列情形之一的，应予立案追诉：

（一）隐匿财产价值在五十万元以上的；

（二）承担虚构的债务涉及金额在五十万元以上的；

（三）以其他方法转移、处分财产价值在五十万元以上的；

（四）造成债权人或者其他人直接经济损失数额累计在十万元以上的；

（五）虽未达到上述数额标准，但应清偿的职工的工资、社会保险费用和法定补偿金得不到及时清偿，造成恶劣社会影响的；

（六）其他严重损害债权人或者其他人利益的情形。

第一百六十三条　非国家工作人员受贿罪

公司、企业或者其他单位的工作人员，利用职务上的便利，索取他人财物或者非法收受他人财物，为他人谋取利益，数额较大的，处三年以下有期徒刑或者拘役，并处罚金；数额巨大或者有其他严重情节的，处三年以上十年以下有期徒刑，并处罚金；数额特别巨大或者有其他特别严重情节的，处十年以上有期徒刑或者无期徒刑，并处罚金。①

公司、企业或者其他单位的工作人员在经济往来中，利用职务上的便利，违反国家规定，收受各种名义的回扣、手续费，归个人所有的，依照前款的规定处罚。

国有公司、企业或者其他国有单位中从事公务的人员和国有公司、企业或者其他国有单位委派到非国有公司、企业以及其他单位从事公务的人员有前两款行为的，依照本法第三百八十五条、第三百八十六条的规定定罪处罚。②

---

① 根据 2020 年 12 月 26 日《刑法修正案（十一）》修改。原第一款条文为："公司、企业或者其他单位的工作人员利用职务上的便利，索取他人财物或者非法收受他人财物，为他人谋取利益，数额较大的，处五年以下有期徒刑或者拘役；数额巨大的，处五年以上有期徒刑，可以并处没收财产。"

② 根据 2006 年 6 月 29 日《刑法修正案（六）》修改。原条文为："公司、企业的工作人员利用职务上的便利，索取他人财物或者非法收受他人财物，为他人谋取利益，数额较大的，处五年以下有期徒刑或者拘役；数额巨大的，处五年以上有期徒刑，可以并处没收财产。

"公司、企业的工作人员在经济往来中，违反国家规定，收受各种名义的回扣、手续费，归个人所有的，依照前款的规定处罚。

"国有公司、企业中从事公务的人员和国有公司、企业委派到非国有公司、企业从事公务的人员有前两款行为的，依照本法第三百八十五条、第三百八十六条的规定定罪处罚。"

要点提示

本条第二款中的"回扣",是指在商品或者劳务活动中,由卖方从所收到的价款中,按照一定的比例扣除一部分返还给买方或者其经办人的款项。"手续费",是指在经济活动中,除回扣以外,其他违反国家规定支付给公司、企业或者其他单位的工作人员的各种名义的钱,如信息费、顾问费、劳务费、辛苦费、好处费等。违反国家规定,收取各种名义的回扣、手续费,是否归个人所有,是区分罪与非罪的主要界限,如果收取的回扣、手续费,都上交给公司、企业或者本单位的,不构成犯罪;只有将收取的回扣、手续费归个人所有的,才构成犯罪。

关联规定

1.《刑法》(2023 年 12 月 29 日)

第一百八十四条　银行或者其他金融机构的工作人员在金融业务活动中索取他人财物或者非法收受他人财物,为他人谋取利益的,或者违反国家规定,收受各种名义的回扣、手续费,归个人所有的,依照本法第一百六十三条的规定定罪处罚。

国有金融机构工作人员和国有金融机构委派到非国有金融机构从事公务的人员有前款行为的,依照本法第三百八十五条、第三百八十六条的规定定罪处罚。

第三百八十五条　国家工作人员利用职务上的便利,索取他人财物的,或者非法收受他人财物,为他人谋取利益的,是受贿罪。

国家工作人员在经济往来中,违反国家规定,收受各种名义的回扣、手续费,归个人所有的,以受贿论处。

第三百八十六条　对犯受贿罪的,根据受贿所得数额及情节,依照本法第三百八十三条的规定处罚。索贿的从重处罚。

2.《最高人民法院、最高人民检察院关于办理贪污贿赂刑事案件适用法律若干问题的解释》（2016年4月18日）

第十一条　刑法第一百六十三条规定的非国家工作人员受贿罪、第二百七十一条规定的职务侵占罪中的"数额较大""数额巨大"的数额起点，按照本解释关于受贿罪、贪污罪相对应的数额标准规定的二倍、五倍执行。

刑法第二百七十二条规定的挪用资金罪中的"数额较大""数额巨大"以及"进行非法活动"情形的数额起点，按照本解释关于挪用公款罪"数额较大""情节严重"以及"进行非法活动"的数额标准规定的二倍执行。

刑法第一百六十四条第一款规定的对非国家工作人员行贿罪中的"数额较大""数额巨大"的数额起点，按照本解释第七条、第八条第一款关于行贿罪的数额标准规定的二倍执行。

第十二条　贿赂犯罪中的"财物"，包括货币、物品和财产性利益。财产性利益包括可以折算为货币的物质利益如房屋装修、债务免除等，以及需要支付货币的其他利益如会员服务、旅游等。后者的犯罪数额，以实际支付或者应当支付的数额计算。

第十五条　对多次受贿未经处理的，累计计算受贿数额。

国家工作人员利用职务上的便利为请托人谋取利益前后多次收受请托人财物，受请托之前收受的财物数额在一万元以上的，应当一并计入受贿数额。

第十六条　国家工作人员出于贪污、受贿的故意，非法占有公共财物、收受他人财物之后，将赃款赃物用于单位公务支出或者社会捐赠的，不影响贪污罪、受贿罪的认定，但量刑时可以酌情考虑。

特定关系人索取、收受他人财物，国家工作人员知道后未退还或者上交的，应当认定国家工作人员具有受贿故意。

第十七条　国家工作人员利用职务上的便利，收受他人财物，为他人谋取利益，同时构成受贿罪和刑法分则第三章第三节、第九章规定的渎职犯罪的，除刑法另有规定外，以受贿罪和渎职犯罪数罪并罚。

第十八条　贪污贿赂犯罪分子违法所得的一切财物，应当依照刑法第六十四条的规定予以追缴或者责令退赔，对被害人的合法财产应当及时返还。对尚未追缴到案或者尚未足额退赔的违法所得，应当继续追缴或者责令退赔。

3.《最高人民检察院、公安部关于公安机关管辖的刑事案件立案追诉标准的规定（二）》（2022年4月6日）

第十条　〔非国家工作人员受贿案（刑法第一百六十三条）〕公司、企业或者其他单位的工作人员利用职务上的便利，索取他人财物或者非法收受他人财物，为他人谋取利益，或者在经济往来中，利用职务上的便利，违反国家规定，收受各种名义的回扣、手续费，归个人所有，数额在三万元以上的，应予立案追诉。

4.《最高人民法院、最高人民检察院关于办理商业贿赂刑事案件适用法律若干问题的意见》（2008年11月20日）

一、商业贿赂犯罪涉及刑法规定的以下八种罪名：

（1）非国家工作人员受贿罪（刑法第一百六十三条）；

（2）对非国家工作人员行贿罪（刑法第一百六十四条）；

（3）受贿罪（刑法第三百八十五条）；

（4）单位受贿罪（刑法第三百八十七条）；

（5）行贿罪（刑法第三百八十九条）；

（6）对单位行贿罪（刑法第三百九十一条）；

（7）介绍贿赂罪（刑法第三百九十二条）；

（8）单位行贿罪（刑法第三百九十三条）。

二、刑法第一百六十三条、第一百六十四条规定的"其他单位"，既包括事业单位、社会团体、村民委员会、居民委员会、村民小组等常设性的组织，也包括为组织体育赛事、文艺演出或者其他正当活动而成立的组委会、筹委会、工程承包队等非常设性的组织。

三、刑法第一百六十三条、第一百六十四条规定的"公司、企业或者其他单位的工作人员"，包括国有公司、企业以及其他国有单位中的非国家工作人员。

四、医疗机构中的国家工作人员，在药品、医疗器械、医用卫生材料等医药产品采购活动中，利用职务上的便利，索取销售方财物，或者非法收受销售方财物，为销售方谋取利益，构成犯罪的，依照刑法第三百八十五条的规定，以受贿罪定罪处罚。

医疗机构中的非国家工作人员，有前款行为，数额较大的，依照刑法第一百六十三条的规定，以非国家工作人员受贿罪定罪处罚。

医疗机构中的医务人员，利用开处方的职务便利，以各种名义非法收受药品、医疗器械、医用卫生材料等医药产品销售方财物，为医药产品销售方谋取利益，数额较大的，依照刑法第一百六十三条的规定，以非国家工作人员受贿罪定罪处罚。

五、学校及其他教育机构中的国家工作人员，在教材、教具、校服或者其他物品的采购等活动中，利用职务上的便利，索取销售方财物，或者非法收受销售方财物，为销售方谋取利益，构成犯罪的，依照刑法第三百八十五条的规定，以受贿罪定罪处罚。

学校及其他教育机构中的非国家工作人员，有前款行为，数额较大的，依照刑法第一百六十三条的规定，以非国家工作人员受贿罪定罪处罚。

学校及其他教育机构中的教师，利用教学活动的职务便利，以各种名义非法收受教材、教具、校服或者其他物品销售方财物，为教材、教具、校服或者其他物品销售方谋取利益，数额较大的，依照刑法第一百六十三条的规定，以非国家工作人员受贿罪定罪处罚。

六、依法组建的评标委员会、竞争性谈判采购中谈判小组、询价采购中询价小组的组成人员，在招标、政府采购等事项的评标或者采购活动中，索取他人财物或者非法收受他人财物，为他人谋取利益，数额较大的，依照刑法第一百六十三条的规定，以非国家工作人员受贿罪定罪处罚。

依法组建的评标委员会、竞争性谈判采购中谈判小组、询价采购中询价小组中国家机关或者其他国有单位的代表有前款行为的，依照刑法第三百八十五条的规定，以受贿罪定罪处罚。

5.《最高人民法院关于如何认定国有控股、参股股份有限公司中的国有公司、企业人员的解释》（2005年8月1日）

为准确认定刑法分则第三章第三节中的国有公司、企业人员，现对国有控股、参股的股份有限公司中的国有公司、企业人员解释如下：

国有公司、企业委派到国有控股、参股公司从事公务的人员，以国有公司、企业人员论。

第一百六十四条　对非国家工作人员行贿罪　对外国公职人员、国际公共组织官员行贿罪

> 为谋取不正当利益，给予公司、企业或者其他单位的工作人员以财物，数额较大的，处三年以下有期徒刑或者拘役，并处罚金；数额巨大的，处三年以上十年以下有期徒刑，并处罚金。
>
> 为谋取不正当商业利益，给予外国公职人员或者国际公共组织官员以财物的，依照前款的规定处罚。
>
> 单位犯前两款罪的，对单位判处罚金，并对其直接负责的主管人员和其他直接责任人员，依照第一款的规定处罚。
>
> 行贿人在被追诉前主动交待行贿行为的，可以减轻处罚或者免除处罚。①

---

① 根据2006年6月29日《刑法修正案（六）》第一次修改。原第一款条文为："为谋取不正当利益，给予公司、企业的工作人员以财物，数额较大的，处三年以下有期徒刑或者拘役；数额巨大的，处三年以上十年以下有期徒刑，并处罚金。"

根据2011年2月25日《刑法修正案（八）》第二次修改。原条文为："为谋取不正当利益，给予公司、企业或者其他单位的工作人员以财物，数额较大的，处三年以下有期徒刑或者拘役；数额巨大的，处三年以上十年以下有期徒刑，并处罚金。

"单位犯前款罪的，对单位判处罚金，并对其直接负责的主管人员和其他直接责任人员，依照前款的规定处罚。"

"行贿人在被追诉前主动交待行贿行为的，可以减轻处罚或者免除处罚。"

根据2015年8月29日《刑法修正案（九）》第三次修改。原第一款条文为："为谋取不正当利益，给予公司、企业或者其他单位的工作人员以财物，数额较大的，处三年以下有期徒刑或者拘役；数额巨大的，处三年以上十年以下有期徒刑，并处罚金。"

关联规定

1.《反不正当竞争法》（2019年4月23日）

第七条 经营者不得采用财物或者其他手段贿赂下列单位或者个人，以谋取交易机会或者竞争优势：

（一）交易相对方的工作人员；

（二）受交易相对方委托办理相关事务的单位或者个人；

（三）利用职权或者影响力影响交易的单位或者个人。

经营者在交易活动中，可以以明示方式向交易相对方支付折扣，或者向中间人支付佣金。经营者向交易相对方支付折扣、向中间人支付佣金的，应当如实入账。接受折扣、佣金的经营者也应当如实入账。

经营者的工作人员进行贿赂的，应当认定为经营者的行为；但是，经营者有证据证明该工作人员的行为与为经营者谋取交易机会或竞争优势无关的除外。

第八条 经营者不得对其商品的性能、功能、质量、销售状况、用户评价、曾获荣誉等作虚假或者引人误解的商业宣传，欺骗、误导消费者。

经营者不得通过组织虚假交易等方式，帮助其他经营者进行虚假或者引人误解的商业宣传。

2.《最高人民检察院、公安部关于公安机关管辖的刑事案件立案追诉标准的规定（二）》（2022年4月6日）

第十一条 〔对非国家工作人员行贿案（刑法第一百六十四条第一款）〕为谋取不正当利益，给予公司、企业或者其他单位的工作人员以财物，个人行贿数额在三万元以上的，单位行贿数额在二十万元以上的，应予立案追诉。

第十二条 〔对外国公职人员、国际公共组织官员行贿案（刑法第一百六十四条第二款）〕为谋取不正当商业利益，给予外国公职人员或者国际公共组织官员以财物，个人行贿数额在三万元以上的，单位行贿数额在二十万元以上的，应予立案追诉。

3.《最高人民法院、最高人民检察院关于办理商业贿赂刑事案件适用法律若干问题的意见》（2008年11月20日）

一、商业贿赂犯罪涉及刑法规定的以下八种罪名：

（1）非国家工作人员受贿罪（刑法第一百六十三条）；

（2）对非国家工作人员行贿罪（刑法第一百六十四条）；

（3）受贿罪（刑法第三百八十五条）；

（4）单位受贿罪（刑法第三百八十七条）；

（5）行贿罪（刑法第三百八十九条）；

（6）对单位行贿罪（刑法第三百九十一条）；

（7）介绍贿赂罪（刑法第三百九十二条）；

（8）单位行贿罪（刑法第三百九十三条）。

二、刑法第一百六十三条、第一百六十四条规定的"其他单位"，既包括事业单位、社会团体、村民委员会、居民委员会、村民小组等常设性的组织，也包括为组织体育赛事、文艺演出或者其他正当活动而成立的组委会、筹委会、工程承包队等非常设性的组织。

三、刑法第一百六十三条、第一百六十四条规定的"公司、企业或者其他单位的工作人员"，包括国有公司、企业以及其他国有单位中的非国家工作人员。

七、商业贿赂中的财物，既包括金钱和实物，也包括可以用金钱计算数额的财产性利益，如提供房屋装修、含有金额的会员卡、代币卡（券）、旅游费用等。具体数额以实际支付的资费为准。

八、收受银行卡的，不论受贿人是否实际取出或者消费，卡内的存款数额一般应全额认定为受贿数额。使用银行卡透支的，如果由给予银行卡的一方承担还款责任，透支数额也应当认定为受贿数额。

九、在行贿犯罪中，"谋取不正当利益"，是指行贿人谋取违反法律、法规、规章或者政策规定的利益，或者要求对方违反法律、法规、规章、政策、行业规范的规定提供帮助或者方便条件。

在招标投标、政府采购等商业活动中，违背公平原则，给予相关人员财物以谋取竞争优势的，属于"谋取不正当利益"。

十、办理商业贿赂犯罪案件，要注意区分贿赂与馈赠的界限。主要应当结合以下因素全面分析、综合判断：

（1）发生财物往来的背景，如双方是否存在亲友关系及历史上交往的情形和程度；

（2）往来财物的价值；

（3）财物往来的缘由、时机和方式，提供财物方对于接受方有无职务上的请托；

（4）接受方是否利用职务上的便利为提供方谋取利益。

4.《最高人民法院、最高人民检察院关于办理贪污贿赂刑事案件适用法律若干问题的解释》（2016年4月18日）

第十一条　刑法第一百六十三条规定的非国家工作人员受贿罪、第二百七十一条规定的职务侵占罪中的"数额较大""数额巨大"的数额起点，按照本解释关于受贿罪、贪污罪相对应的数额标准规定的二倍、五倍执行。

刑法第二百七十二条规定的挪用资金罪中的"数额较大""数额巨大"以及"进行非法活动"情形的数额起点，按照本解释关于挪用公款罪"数额较大""情节严重"以及"进行非法活动"的数额标准规定的二倍执行。

刑法第一百六十四条第一款规定的对非国家工作人员行贿罪中的"数额较大""数额巨大"的数额起点，按照本解释第七条、第八条第一款关于行贿罪的数额标准规定的二倍执行。

第十二条　贿赂犯罪中的"财物"，包括货币、物品和财产性利益。财产性利益包括可以折算为货币的物质利益如房屋装修、债务免除等，以及需要支付货币的其他利益如会员服务、旅游等。后者的犯罪数额，以实际支付或者应当支付的数额计算。

第十七条　国家工作人员利用职务上的便利，收受他人财物，为他人谋取利益，同时构成受贿罪和刑法分则第三章第三节、第九章规定的渎职犯罪的，除刑法另有规定外，以受贿罪和渎职犯罪数罪并罚。

第十八条　贪污贿赂犯罪分子违法所得的一切财物，应当依照刑法第六十四条的规定予以追缴或者责令退赔，对被害人的合法财产应当及时返还。对尚未追缴到案或者尚未足额退赔的违法所得，应当继续追缴或者责令退赔。

5.《最高人民法院、最高人民检察院关于办理行贿刑事案件具体应用法律若干问题的解释》（2012年12月26日）

第五条　多次行贿未经处理的，按照累计行贿数额处罚。

第六条　行贿人谋取不正当利益的行为构成犯罪的，应当与行贿犯罪实行数罪并罚。

第七条　因行贿人在被追诉前主动交待行贿行为而破获相关受贿案件的，对行贿人不适用刑法第六十八条关于立功的规定，依照刑法第三百九十条第二款的规定，可以减轻或者免除处罚。

单位行贿的，在被追诉前，单位集体决定或者单位负责人决定主动交待单位行贿行为的，依照刑法第三百九十条第二款的规定，对单位及相关责任人员可以减轻处罚或者免除处罚；受委托直接办理单位行贿事项的直接责任人员在被追诉前主动交待自己知道的单位行贿行为的，对该直接责任人员可以依照刑法第三百九十条第二款的规定减轻处罚或者免除处罚。

第八条　行贿人被追诉后如实供述自己罪行的，依照刑法第六十七条第三款的规定，可以从轻处罚；因其如实供述自己罪行，避免特别严重后果发生的，可以减轻处罚。

第九条　行贿人揭发受贿人与其行贿无关的其他犯罪行为，查证属实的，依照刑法第六十八条关于立功的规定，可以从轻、减轻或者免除处罚。

第十条　实施行贿犯罪，具有下列情形之一的，一般不适用缓刑和免予刑事处罚：

（一）向三人以上行贿的；

（二）因行贿受过行政处罚或者刑事处罚的；

（三）为实施违法犯罪活动而行贿的；

（四）造成严重危害后果的；

（五）其他不适用缓刑和免予刑事处罚的情形。

具有刑法第三百九十条第二款规定的情形的，不受前款规定的限制。

第十一条 行贿犯罪取得的不正当财产性利益应当依照刑法第六十四条的规定予以追缴、责令退赔或者返还被害人。

因行贿犯罪取得财产性利益以外的经营资格、资质或者职务晋升等其他不正当利益，建议有关部门依照相关规定予以处理。

第十二条 行贿犯罪中的"谋取不正当利益"，是指行贿人谋取的利益违反法律、法规、规章、政策规定，或者要求国家工作人员违反法律、法规、规章、政策、行业规范的规定，为自己提供帮助或者方便条件。

违背公平、公正原则，在经济、组织人事管理等活动中，谋取竞争优势的，应当认定为"谋取不正当利益"。

第十三条 刑法第三百九十条第二款规定的"被追诉前"，是指检察机关对行贿人的行贿行为刑事立案前。

第一百六十五条　非法经营同类营业罪

> 国有公司、企业的董事、监事、高级管理人员，利用职务便利，自己经营或者为他人经营与其所任职公司、企业同类的营业，获取非法利益，数额巨大的，处三年以下有期徒刑或者拘役，并处或者单处罚金；数额特别巨大的，处三年以上七年以下有期徒刑，并处罚金。[①]
>
> 其他公司、企业的董事、监事、高级管理人员违反法律、行政法规规定，实施前款行为，致使公司、企业利益遭受重大损失的，依照前款的规定处罚。[②]

---

① 根据 2023 年 12 月 29 日《刑法修正案（十二）》修改。原第一款条文为："国有公司、企业的董事、经理利用职务便利，自己经营或者为他人经营与其所任职公司、企业同类的营业，获取非法利益，数额巨大的，处三年以下有期徒刑或者拘役，并处或者单处罚金；数额特别巨大的，处三年以上七年以下有期徒刑，并处罚金。"

② 根据 2023 年 12 月 29 日《刑法修正案（十二）》增加一款作为第二款。

要点提示

根据本条规定，非法经营同类营业罪在犯罪构成上具有以下特征：（1）本罪的主体是特殊主体，即国有公司、企业的董事、经理。（2）本罪在客观方面表现为行为人利用职务便利，自己经营或者为他人经营与所任职公司、企业同类的营业，获取非法利益的行为。（3）国有公司、企业的董事、经理非法经营同类营业，获取非法利益，数额巨大的，才构成犯罪。

2023年《公司法》第一百八十四条规定，董事、监事、高级管理人员未向董事会或者股东会报告，并按照公司章程的规定经董事会或者股东会决议通过，不得自营或者为他人经营与其任职公司同类的业务。对公司相关人员从事同业营业行为作出了禁止性规定。为与2023年《公司法》作出衔接，《刑法修正案（十二）》将本条第一款中的"国有公司、企业的董事、经理"改为"国有公司、企业的董事、监事、高级管理人员"。

此外，《刑法修正案（十二）》还将现行对国有公司、企业相关人员适用的犯罪扩展到民营企业，增加了第二款的规定。民营企业内部人员如有非法经营同类营业的行为，故意损害民营企业利益，造成重大损失的，也要追究刑事责任。这将进一步加大对民营企业产权和企业家权益保护力度，加强对民营企业平等保护。

关联规定

1.《公司法》（2023年12月29日）

第一百八十四条　董事、监事、高级管理人员未向董事会或者股东会报告，并按照公司章程的规定经董事会或者股东会决议通过，不得自营或者为他人经营与其任职公司同类的业务。

2.《最高人民法院关于如何认定国有控股、参股股份有限公司中的国有公司、企业人员的解释》（2005年8月1日）

为准确认定刑法分则第三章第三节中的国有公司、企业人员，现对国有控股、参股的股份有限公司中的国有公司、企业人员解释如下：

国有公司、企业委派到国有控股、参股公司从事公务的人员，以国有公司、企业人员论。

第一百六十六条　为亲友非法牟利罪

国有公司、企业、事业单位的工作人员，利用职务便利，有下列情形之一，致使国家利益遭受重大损失的，处三年以下有期徒刑或者拘役，并处或者单处罚金；致使国家利益遭受特别重大损失的，处三年以上七年以下有期徒刑，并处罚金：

（一）将本单位的盈利业务交由自己的亲友进行经营的；

（二）以明显高于市场的价格从自己的亲友经营管理的单位采购商品、接受服务或者以明显低于市场的价格向自己的亲友经营管理的单位销售商品、提供服务的；

（三）从自己的亲友经营管理的单位采购、接受不合格商品、服务的。①

其他公司、企业的工作人员违反法律、行政法规规定，实施前款行为，致使公司、企业利益遭受重大损失的，依照前款的规定处罚。②

---

① 根据 2023 年 12 月 29 日《刑法修正案（十二）》修改。原第一款条文为："国有公司、企业、事业单位的工作人员，利用职务便利，有下列情形之一，使国家利益遭受重大损失的，处三年以下有期徒刑或者拘役，并处或者单处罚金；致使国家利益遭受特别重大损失的，处三年以上七年以下有期徒刑，并处罚金：

"（一）将本单位的盈利业务交由自己的亲友进行经营的；

"（二）以明显高于市场的价格向自己的亲友经营管理的单位采购商品或者以明显低于市场的价格向自己的亲友经营管理的单位销售商品的；

"（三）向自己的亲友经营管理的单位采购不合格商品的。"

② 根据 2023 年 12 月 29 日《刑法修正案（十二）》增加一款作为第二款。

关联规定

《最高人民法院关于如何认定国有控股、参股股份有限公司中的国有公司、企业人员的解释》（2005年8月1日）

为准确认定刑法分则第三章第三节中的国有公司、企业人员，现对国有控股、参股的股份有限公司中的国有公司、企业人员解释如下：

国有公司、企业委派到国有控股、参股公司从事公务的人员，以国有公司、企业人员论。

第一百六十七条　签订、履行合同失职被骗罪

国有公司、企业、事业单位直接负责的主管人员，在签订、履行合同过程中，因严重不负责任被诈骗，致使国家利益遭受重大损失的，处三年以下有期徒刑或者拘役；致使国家利益遭受特别重大损失的，处三年以上七年以下有期徒刑。

要点提示

在实践中适用本条，应正确区分罪与非罪的界限，其中十分重要的是看行为人是正确履行职责还是严重不负责任。这关键看行为人应尽的职责和义务，在有条件、有可能履行的情况下，是正确履行，还是放弃职守、不积极履行、放任自流；行为人是否滥用职权、超越职权、擅自作出决定；行为人是否违反国家法律、政策、企业管理规章制度和经商原则。

关联规定

1.《全国人民代表大会常务委员会关于惩治骗购外汇、逃汇和非法买卖外汇犯罪的决定》（1998年12月29日）

七、金融机构、从事对外贸易经营活动的公司、企业的工作人员严重不负责任，造成大量外汇被骗购或者逃汇，致使国家利益遭受重大损失的，依照刑法第一百六十七条的规定定罪处罚。

2.《最高人民法院关于如何认定国有控股、参股股份有限公司中的国有公司、企业人员的解释》（2005年8月1日）

为准确认定刑法分则第三章第三节中的国有公司、企业人员，现对国有控股、参股的股份有限公司中的国有公司、企业人员解释如下：

国有公司、企业委派到国有控股、参股公司从事公务的人员，以国有公司、企业人员论。

第一百六十八条 国有公司、企业、事业单位人员失职罪　国有公司、企业、事业单位人员滥用职权罪

> 国有公司、企业的工作人员，由于严重不负责任或者滥用职权，造成国有公司、企业破产或者严重损失，致使国家利益遭受重大损失的，处三年以下有期徒刑或者拘役；致使国家利益遭受特别重大损失的，处三年以上七年以下有期徒刑。
>
> 国有事业单位的工作人员有前款行为，致使国家利益遭受重大损失的，依照前款的规定处罚。
>
> 国有公司、企业、事业单位的工作人员，徇私舞弊，犯前两款罪的，依照第一款的规定从重处罚。[①]

✦ 关联规定

1.《最高人民法院关于如何认定国有控股、参股股份有限公司中的国有公司、企业人员的解释》（2005年8月1日）

为准确认定刑法分则第三章第三节中的国有公司、企业人员，现对国有控股、参股的股份有限公司中的国有公司、企业人员解释如下：

国有公司、企业委派到国有控股、参股公司从事公务的人员，以国有

---

① 根据1999年12月25日《刑法修正案》修改。原条文为："国有公司、企业直接负责的主管人员，徇私舞弊，造成国有公司、企业破产或者严重亏损，致使国家利益遭受重大损失的，处三年以下有期徒刑或者拘役。"

公司、企业人员论。

2.《最高人民法院关于审理扰乱电信市场管理秩序案件具体应用法律若干问题的解释》（2000年5月12日）

第六条 国有电信企业的工作人员，由于严重不负责任或者滥用职权，造成国有电信企业破产或者严重损失，致使国家利益遭受重大损失的，依照刑法第一百六十八条的规定定罪处罚。

3.《最高人民法院、最高人民检察院关于办理妨害预防、控制突发传染病疫情等灾害的刑事案件具体应用法律若干问题的解释》（2003年5月13日）

第四条 国有公司、企业、事业单位的工作人员，在预防、控制突发传染病疫情等灾害的工作中，由于严重不负责任或者滥用职权，造成国有公司、企业破产或者严重损失，致使国家利益遭受重大损失的，依照刑法第一百六十八条的规定，以国有公司、企业、事业单位人员失职罪或者国有公司、企业、事业单位人员滥用职权罪定罪处罚。

第十七条 人民法院、人民检察院办理有关妨害预防、控制突发传染病疫情等灾害的刑事案件，对于有自首、立功等悔罪表现的，依法从轻、减轻、免除处罚或者依法作出不起诉决定。

第一百六十九条 徇私舞弊低价折股、出售公司、企业资产罪

国有公司、企业或者其上级主管部门直接负责的主管人员，徇私舞弊，将国有资产低价折股或者低价出售，致使国家利益遭受重大损失的，处三年以下有期徒刑或者拘役；致使国家利益遭受特别重大损失的，处三年以上七年以下有期徒刑。

其他公司、企业直接负责的主管人员，徇私舞弊，将公司、企业资产低价折股或者低价出售，致使公司、企业利益遭受重大损失的，依照前款的规定处罚。①

---

① 根据2023年12月29日《刑法修正案（十二）》增加一款作为第二款。

⚙ 关联规定

1.《最高人民法院关于如何认定国有控股、参股股份有限公司中的国有公司、企业人员的解释》（2005年8月1日）

为准确认定刑法分则第三章第三节中的国有公司、企业人员，现对国有控股、参股的股份有限公司中的国有公司、企业人员解释如下：

国有公司、企业委派到国有控股、参股公司从事公务的人员，以国有公司、企业人员论。

2.《最高人民法院关于审理扰乱电信市场管理秩序案件具体应用法律若干问题的解释》（2000年5月12日）

第六条 国有电信企业的工作人员，由于严重不负责任或者滥用职权，造成国有电信企业破产或者严重损失，致使国家利益遭受重大损失的，依照刑法第一百六十八条的规定定罪处罚。

3.《最高人民法院、最高人民检察院关于办理妨害预防、控制突发传染病疫情等灾害的刑事案件具体应用法律若干问题的解释》（2003年5月13日）

第四条 国有公司、企业、事业单位的工作人员，在预防、控制突发传染病疫情等灾害的工作中，由于严重不负责任或者滥用职权，造成国有公司、企业破产或者严重损失，致使国家利益遭受重大损失的，依照刑法第一百六十八条的规定，以国有公司、企业、事业单位人员失职罪或者国有公司、企业、事业单位人员滥用职权罪定罪处罚。

第十七条 人民法院、人民检察院办理有关妨害预防、控制突发传染病疫情等灾害的刑事案件，对于有自首、立功等悔罪表现的，依法从轻、减轻、免除处罚或者依法作出不起诉决定。

第一百六十九条之一　背信损害上市公司利益罪

上市公司的董事、监事、高级管理人员违背对公司的忠实义务，利用职务便利，操纵上市公司从事下列行为之一，致使上市公司利益遭受重大损失的，处三年以下有期徒刑或者拘役，并处或者单处罚金；致使上市公司利益遭受特别重大损失的，处三年以上七年以下有期徒刑，并处罚金：

（一）无偿向其他单位或者个人提供资金、商品、服务或者其他资产的；

（二）以明显不公平的条件，提供或者接受资金、商品、服务或者其他资产的；

（三）向明显不具有清偿能力的单位或者个人提供资金、商品、服务或者其他资产的；

（四）为明显不具有清偿能力的单位或者个人提供担保，或者无正当理由为其他单位或者个人提供担保的；

（五）无正当理由放弃债权、承担债务的；

（六）采用其他方式损害上市公司利益的。

上市公司的控股股东或者实际控制人，指使上市公司董事、监事、高级管理人员实施前款行为的，依照前款的规定处罚。

犯前款罪的上市公司的控股股东或者实际控制人是单位的，对单位判处罚金，并对其直接负责的主管人员和其他直接责任人员，依照第一款的规定处罚。[①]

[①] 根据 2006 年 6 月 29 日《刑法修正案（六）》增加。

关联规定

1.《最高人民检察院、公安部关于公安机关管辖的刑事案件立案追诉标准的规定（二）》（2022年4月6日）

第十三条 〔背信损害上市公司利益案（刑法第一百六十九条之一）〕上市公司的董事、监事、高级管理人员违背对公司的忠实义务，利用职务便利，操纵上市公司从事损害上市公司利益的行为，以及上市公司的控股股东或者实际控制人，指使上市公司董事、监事、高级管理人员实施损害上市公司利益的行为，涉嫌下列情形之一的，应予立案追诉：

（一）无偿向其他单位或者个人提供资金、商品、服务或者其他资产，致使上市公司直接经济损失数额在一百五十万元以上的；

（二）以明显不公平的条件，提供或者接受资金、商品、服务或者其他资产，致使上市公司直接经济损失数额在一百五十万元以上的；

（三）向明显不具有清偿能力的单位或者个人提供资金、商品、服务或者其他资产，致使上市公司直接经济损失数额在一百五十万元以上的；

（四）为明显不具有清偿能力的单位或者个人提供担保，或者无正当理由为其他单位或者个人提供担保，致使上市公司直接经济损失数额在一百五十万元以上的；

（五）无正当理由放弃债权、承担债务，致使上市公司直接经济损失数额在一百五十万元以上的；

（六）致使公司、企业发行的股票或者公司、企业债券、存托凭证或者国务院依法认定的其他证券被终止上市交易的；

（七）其他致使上市公司利益遭受重大损失的情形。

2.《最高人民法院关于如何认定国有控股、参股股份有限公司中的国有公司、企业人员的解释》（2005年8月1日）

为准确认定刑法分则第三章第三节中的国有公司、企业人员，现对国有控股、参股的股份有限公司中的国有公司、企业人员解释如下：

国有公司、企业委派到国有控股、参股公司从事公务的人员，以国有公司、企业人员论。

3.《最高人民法院关于审理扰乱电信市场管理秩序案件具体应用法律若干问题的解释》（2000年5月12日）

第六条　国有电信企业的工作人员，由于严重不负责任或者滥用职权，造成国有电信企业破产或者严重损失，致使国家利益遭受重大损失的，依照刑法第一百六十八条的规定定罪处罚。

4.《最高人民法院、最高人民检察院关于办理妨害预防、控制突发传染病疫情等灾害的刑事案件具体应用法律若干问题的解释》（2003年5月13日）

第四条　国有公司、企业、事业单位的工作人员，在预防、控制突发传染病疫情等灾害的工作中，由于严重不负责任或者滥用职权，造成国有公司、企业破产或者严重损失，致使国家利益遭受重大损失的，依照刑法第一百六十八条的规定，以国有公司、企业、事业单位人员失职罪或者国有公司、企业、事业单位人员滥用职权罪定罪处罚。

第十七条　人民法院、人民检察院办理有关妨害预防、控制突发传染病疫情等灾害的刑事案件，对于有自首、立功等悔罪表现的，依法从轻、减轻、免除处罚或者依法作出不起诉决定。

第八章　贪污贿赂罪

第三百八十二条　贪污罪

国家工作人员利用职务上的便利，侵吞、窃取、骗取或者以其他手段非法占有公共财物的，是贪污罪。

受国家机关、国有公司、企业、事业单位、人民团体委托管理、经营国有财产的人员，利用职务上的便利，侵吞、窃取、骗取或者以其他手段非法占有国有财物的，以贪污论。

与前两款所列人员勾结，伙同贪污的，以共犯论处。

❋ 要点提示

贪污罪的主体是特殊主体。应注意：贪污罪的犯罪主体与受贿罪、挪用公款罪等本章其他罪都有不同，即贪污罪的主体不仅包括国家工作人员，还包括本条第二款规定的人员，而受贿罪、挪用公款罪的主体都不包括这些人员。

本条第二款规定的受委托管理、经营国有财产，是指因承包、租赁、临时聘用等管理、经营国有财产。

贪污罪既遂与未遂的认定：应当以行为人是否实际控制财物作为区分贪污罪既遂与未遂的标准。对于行为人利用职务上的便利，实施了虚假平账等贪污行为，但公共财物尚未实际转移，或者尚未被行为人控制就被查获的，应当认定为贪污未遂。行为人控制公共财物后，是否将财物据为己有，不影响贪污既遂的认定。

国家工作人员与非国家工作人员勾结共同非法占有单位财物行为的认定：行为人与国家工作人员勾结，利用国家工作人员的职务便利，共同侵吞、窃取、骗取或者以其他手段非法占有公共财物的，以贪污罪共犯论处。公司、企业或者其他单位中，不具有国家工作人员身份的人与国家工作人员勾结，分别利用各自的职务便利，共同将本单位财物非法占为己有的，按照主犯的犯罪性质定罪。司法实践中，如果根据案件的实际情况，各共同犯罪人在共同犯罪中的地位、作用相当，难以区分主从犯的，可以贪污罪定罪处罚。携带挪用的公款潜逃的，以贪污罪论处。

❋ 关联规定

1. 《刑法》（2023 年 12 月 29 日）

第一百八十三条 保险公司的工作人员利用职务上的便利，故意编造未曾发生的保险事故进行虚假理赔，骗取保险金归自己所有的，依照本法第二百七十一条的规定定罪处罚。

国有保险公司工作人员和国有保险公司委派到非国有保险公司从事公务的人员有前款行为的，依照本法第三百八十二条、第三百八十三条的规定定罪处罚。

第二百七十一条　公司、企业或者其他单位的工作人员，利用职务上的便利，将本单位财物非法占为己有，数额较大的，处三年以下有期徒刑或者拘役，并处罚金；数额巨大的，处三年以上十年以下有期徒刑，并处罚金；数额特别巨大的，处十年以上有期徒刑或者无期徒刑，并处罚金。

国有公司、企业或者其他国有单位中从事公务的人员和国有公司、企业或者其他国有单位委派到非国有公司、企业以及其他单位从事公务的人员有前款行为的，依照本法第三百八十二条、第三百八十三条的规定定罪处罚。

第二百八十七条　利用计算机实施金融诈骗、盗窃、贪污、挪用公款、窃取国家秘密或者其他犯罪的，依照本法有关规定定罪处罚。

第三百九十四条　国家工作人员在国内公务活动或者对外交往中接受礼物，依照国家规定应当交公而不交公，数额较大的，依照本法第三百八十二条、第三百八十三条的规定定罪处罚。

2.《全国人民代表大会常务委员会关于〈中华人民共和国刑法〉第九十三条第二款的解释》（2009 年 8 月 27 日）

全国人民代表大会常务委员会讨论了村民委员会等村基层组织人员在从事哪些工作时属于刑法第九十三条第二款规定的"其他依照法律从事公务的人员"，解释如下：

村民委员会等村基层组织人员协助人民政府从事下列行政管理工作，属于刑法第九十三条第二款规定的"其他依照法律从事公务的人员"：

（一）救灾、抢险、防汛、优抚、扶贫、移民、救济款物的管理；

（二）社会捐助公益事业款物的管理；

（三）国有土地的经营和管理；

（四）土地征收、征用补偿费用的管理；

（五）代征、代缴税款；

（六）有关计划生育、户籍、征兵工作；

（七）协助人民政府从事的其他行政管理工作。

村民委员会等村基层组织人员从事前款规定的公务，利用职务上的便利，非法占有公共财物、挪用公款、索取他人财物或者非法收受他人财物，构成犯罪的，适用刑法第三百八十二条和第三百八十三条贪污罪、第三百八十四条挪用公款罪、第三百八十五条和第三百八十六条受贿罪的规定。

现予公告。

3.《最高人民法院、最高人民检察院关于办理赌博刑事案件具体应用法律若干问题的解释》（2005年5月13日）

第七条 通过赌博或者为国家工作人员赌博提供资金的形式实施行贿、受贿行为，构成犯罪的，依照刑法关于贿赂犯罪的规定定罪处罚。

4.《最高人民法院、最高人民检察院关于办理妨害预防、控制突发传染病疫情等灾害的刑事案件具体应用法律若干问题的解释》（2003年5月15日）

第十四条第一款 贪污、侵占用于预防、控制突发传染病疫情等灾害的款物或者挪用归个人使用，构成犯罪的，分别依照刑法第三百八十二条、第三百八十三条、第二百七十一条、第三百八十四条、第二百七十二条的规定，以贪污罪、职务侵占罪、挪用公款罪、挪用资金罪定罪，依法从重处罚。

5.《最高人民法院关于审理贪污、职务侵占案件如何认定共同犯罪几个问题的解释》（2000年7月8日）

第一条 行为人与国家工作人员勾结，利用国家工作人员的职务便利，共同侵吞、窃取、骗取或者以其他手段非法占有公共财物的，以贪污罪共犯论处。

第三条 公司、企业或者其他单位中，不具有国家工作人员身份的人与国家工作人员勾结，分别利用各自的职务便利，共同将本单位财物非法占为己有的，按照主犯的犯罪性质定罪。

6.《最高人民法院关于审理挪用公款案件具体应用法律若干问题的解释》（1998年4月29日）

第六条 携带挪用的公款潜逃的，依照刑法第三百八十二条、第三百八十三条的规定定罪处罚。

7.《最高人民法院、最高人民检察院关于办理国家出资企业中职务犯罪案件具体应用法律若干问题的意见》（2010年11月26日）

随着企业改制的不断推进，人民法院、人民检察院在办理国家出资企业中的贪污、受贿等职务犯罪案件时遇到了一些新情况、新问题。这些新情况、新问题具有一定的特殊性和复杂性，需要结合企业改制的特定历史条件，依法妥善地进行处理。现根据刑法规定和相关政策精神，就办理此类刑事案件具体应用法律的若干问题，提出以下意见：

一、关于国家出资企业工作人员在改制过程中隐匿公司、企业财产归个人持股的改制后公司、企业所有的行为的处理

国家工作人员或者受国家机关、国有公司、企业、事业单位、人民团体委托管理、经营国有财产的人员利用职务上的便利，在国家出资企业改制过程中故意通过低估资产、隐瞒债权、虚设债务、虚构产权交易等方式隐匿公司、企业财产，转为本人持有股份的改制后公司、企业所有，应当依法追究刑事责任的，依照刑法第三百八十二条、第三百八十三条的规定，以贪污罪定罪处罚。贪污数额一般应当以所隐匿财产全额计算；改制后公司、企业仍有国有股份的，按股份比例扣除归于国有的部分。

所隐匿财产在改制过程中已为行为人实际控制，或者国家出资企业改制已经完成的，以犯罪既遂处理。

第一款规定以外的人员实施该款行为的，依照刑法第二百七十一条的规定，以职务侵占罪定罪处罚；第一款规定以外的人员与第一款规定的人员共同实施该款行为的，以贪污罪的共犯论处。

在企业改制过程中未采取低估资产、隐瞒债权、虚设债务、虚构产权交易等方式故意隐匿公司、企业财产的，一般不应当认定为贪污；造成国有资产重大损失，依法构成刑法第一百六十八条或者第一百六十九条规定的犯罪的，依照该规定定罪处罚。

二、关于国有公司、企业在改制过程中隐匿公司、企业财产归职工集体持股的改制后公司、企业所有的行为的处理

国有公司、企业违反国家规定，在改制过程中隐匿公司、企业财产，转为职工集体持股的改制后公司、企业所有的，对其直接负责的主管人员和其他直接责任人员，依照刑法第三百九十六条第一款的规定，以私分国有资产罪定罪处罚。

改制后的公司、企业中只有改制前公司、企业的管理人员或者少数职工持股，改制前公司、企业的多数职工未持股的，依照本意见第一条的规定，以贪污罪定罪处罚。

五、关于改制前后主体身份发生变化的犯罪的处理

国家工作人员在国家出资企业改制前利用职务上的便利实施犯罪，在其不再具有国家工作人员身份后又实施同种行为，依法构成不同犯罪的，应当分别定罪，实行数罪并罚。

国家工作人员利用职务上的便利，在国家出资企业改制过程中隐匿公司、企业财产，在其不再具有国家工作人员身份后将所隐匿财产据为己有的，依照刑法第三百八十二条、第三百八十三条的规定，以贪污罪定罪处罚。

国家工作人员在国家出资企业改制过程中利用职务上的便利为请托人谋取利益，事先约定在其不再具有国家工作人员身份后收受请托人财物，或者在身份变化前后连续收受请托人财物的，依照刑法第三百八十五条、第三百八十六条的规定，以受贿罪定罪处罚。

六、关于国家出资企业中国家工作人员的认定

经国家机关、国有公司、企业、事业单位提名、推荐、任命、批准等，在国有控股、参股公司及其分支机构中从事公务的人员，应当认定为国家工作人员。具体的任免机构和程序，不影响国家工作人员的认定。

经国家出资企业中负有管理、监督国有资产职责的组织批准或者研究

决定，代表其在国有控股、参股公司及其分支机构中从事组织、领导、监督、经营、管理工作的人员，应当认定为国家工作人员。

国家出资企业中的国家工作人员，在国家出资企业中持有个人股份或者同时接受非国有股东委托的，不影响其国家工作人员身份的认定。

七、关于国家出资企业的界定

本意见所称"国家出资企业"，包括国家出资的国有独资公司、国有独资企业，以及国有资本控股公司、国有资本参股公司。

是否属于国家出资企业不清楚的，应遵循"谁投资、谁拥有产权"的原则进行界定。企业注册登记中的资金来源与实际出资不符的，应根据实际出资情况确定企业的性质。企业实际出资情况不清楚的，可以综合工商注册、分配形式、经营管理等因素确定企业的性质。

八、关于宽严相济刑事政策的具体贯彻

办理国家出资企业中的职务犯罪案件时，要综合考虑历史条件、企业发展、职工就业、社会稳定等因素，注意具体情况具体分析，严格把握犯罪与一般违规行为的区分界限。对于主观恶意明显、社会危害严重、群众反映强烈的严重犯罪，要坚决依法从严惩处；对于特定历史条件下、为了顺利完成企业改制而实施的违反国家政策法律规定的行为，行为人无主观恶意或者主观恶意不明显，情节较轻，危害不大的，可以不作为犯罪处理。

对于国家出资企业中的职务犯罪，要加大经济上的惩罚力度，充分重视财产刑的适用和执行，最大限度地挽回国家和人民利益遭受的损失。不能退赃的，在决定刑罚时，应当作为重要情节予以考虑。

8.《最高人民法院、最高人民检察院关于办理职务犯罪案件认定自首、立功等量刑情节若干问题的意见》（2009年3月12日）

为依法惩处贪污贿赂、渎职等职务犯罪，根据刑法和相关司法解释的规定，结合办案工作实际，现就办理职务犯罪案件有关自首、立功等量刑情节的认定和处理问题，提出如下意见：

一、关于自首的认定和处理

根据刑法第六十七条第一款的规定，成立自首需同时具备自动投案和如实供述自己的罪行两个要件。犯罪事实或者犯罪分子未被办案机关掌握，或者虽被掌握，但犯罪分子尚未受到调查谈话、讯问，或者未被宣布采取调查措施或者强制措施时，向办案机关投案的，是自动投案。在此期间如实交代自己的主要犯罪事实的，应当认定为自首。

犯罪分子向所在单位等办案机关以外的单位、组织或者有关负责人员投案的，应当视为自动投案。

没有自动投案，在办案机关调查谈话、讯问、采取调查措施或者强制措施期间，犯罪分子如实交代办案机关掌握的线索所针对的事实的，不能认定为自首。

没有自动投案，但具有以下情形之一的，以自首论：（1）犯罪分子如实交代办案机关未掌握的罪行，与办案机关已掌握的罪行属不同种罪行的；（2）办案机关所掌握线索针对的犯罪事实不成立，在此范围外犯罪分子交代同种罪行的。

单位犯罪案件中，单位集体决定或者单位负责人决定而自动投案，如实交代单位犯罪事实的，或者单位直接负责的主管人员自动投案，如实交代单位犯罪事实的，应当认定为单位自首。单位自首的，直接负责的主管人员和直接责任人员未自动投案，但如实交代自己知道的犯罪事实的，可以视为自首；拒不交待自己知道的犯罪事实或者逃避法律追究的，不应当认定为自首。单位没有自首，直接责任人员自动投案并如实交代自己知道的犯罪事实的，对该直接责任人员应当认定为自首。

对于具有自首情节的犯罪分子，办案机关移送案件时应当予以说明并移交相关证据材料。

对于具有自首情节的犯罪分子，应当根据犯罪的事实、性质、情节和对于社会的危害程度，结合自动投案的动机、阶段、客观环境，交代犯罪事实的完整性、稳定性以及悔罪表现等具体情节，依法决定是否从轻、减轻或者免除处罚以及从轻、减轻处罚的幅度。

二、关于立功的认定和处理

立功必须是犯罪分子本人实施的行为。为使犯罪分子得到从轻处理，犯罪分子的亲友直接向有关机关揭发他人犯罪行为，提供侦破其他案件的重要线索，或者协助司法机关抓捕其他犯罪嫌疑人的，不应当认定为犯罪分子的立功表现。

据以立功的他人罪行材料应当指明具体犯罪事实；据以立功的线索或者协助行为对于侦破案件或者抓捕犯罪嫌疑人要有实际作用。犯罪分子揭发他人犯罪行为时没有指明具体犯罪事实的；揭发的犯罪事实与查实的犯罪事实不具有关联性的；提供的线索或者协助行为对于其他案件的侦破或者其他犯罪嫌疑人的抓捕不具有实际作用的，不能认定为立功表现。

犯罪分子揭发他人犯罪行为，提供侦破其他案件重要线索的，必须经查证属实，才能认定为立功。审查是否构成立功，不仅要审查办案机关的说明材料，还要审查有关事实和证据以及与案件定性处罚相关的法律文书，如立案决定书、逮捕决定书、侦查终结报告、起诉意见书、起诉书或者判决书等。

据以立功的线索、材料来源有下列情形之一的，不能认定为立功：（1）本人通过非法手段或者非法途径获取的；（2）本人因原担任的查禁犯罪等职务获取的；（3）他人违反监管规定向犯罪分子提供的；（4）负有查禁犯罪活动职责的国家机关工作人员或者其他国家工作人员利用职务便利提供的。

犯罪分子检举、揭发的他人犯罪，提供侦破其他案件的重要线索，阻止他人的犯罪活动，或者协助司法机关抓捕的其他犯罪嫌疑人，犯罪嫌疑人、被告人依法可能被判处无期徒刑以上刑罚的，应当认定为有重大立功表现。其中，可能被判处无期徒刑以上刑罚，是指根据犯罪行为的事实、情节可能判处无期徒刑以上刑罚。案件已经判决的，以实际判处的刑罚为准。但是，根据犯罪行为的事实、情节应当判处无期徒刑以上刑罚，因被判刑人有法定情节经依法从轻、减轻处罚后判处有期徒刑的，应当认定为重大立功。

对于具有立功情节的犯罪分子，应当根据犯罪的事实、性质、情节和对于社会的危害程度，结合立功表现所起作用的大小、所破获案件的罪行轻重、所抓获犯罪嫌疑人可能判处的法定刑以及立功的时机等具体情节，依法决定是否从轻、减轻或者免除处罚以及从轻、减轻处罚的幅度。

三、关于如实交代犯罪事实的认定和处理

犯罪分子依法不成立自首，但如实交代犯罪事实，有下列情形之一的，可以酌情从轻处罚：（1）办案机关掌握部分犯罪事实，犯罪分子交代了同种其他犯罪事实的；（2）办案机关掌握的证据不充分，犯罪分子如实交代有助于收集定案证据的。

犯罪分子如实交代犯罪事实，有下列情形之一的，一般应当从轻处罚：（1）办案机关仅掌握小部分犯罪事实，犯罪分子交代了大部分未被掌握的同种犯罪事实的；（2）如实交代对于定案证据的收集有重要作用的。

四、关于赃款赃物追缴等情形的处理

贪污案件中赃款赃物全部或者大部分追缴的，一般应当考虑从轻处罚。

受贿案件中赃款赃物全部或者大部分追缴的，视具体情况可以酌定从轻处罚。

犯罪分子及其亲友主动退赃或者在办案机关追缴赃款赃物过程中积极配合的，在量刑时应当与办案机关查办案件过程中依职权追缴赃款赃物的有所区别。

职务犯罪案件立案后，犯罪分子及其亲友自行挽回的经济损失，司法机关或者犯罪分子所在单位及其上级主管部门挽回的经济损失，或者因客观原因减少的经济损失，不予扣减，但可以作为酌情从轻处罚的情节。

9.《全国法院审理经济犯罪案件工作座谈会纪要》（2003年11月13日）

一、关于贪污贿赂犯罪和渎职犯罪的主体

（一）国家机关工作人员的认定

刑法中所称的国家机关工作人员，是指在国家机关中从事公务的人员，包括在各级国家权力机关、行政机关、司法机关和军事机关中从事公务的人员。

根据有关立法解释的规定，在依照法律、法规规定行使国家行政管理职权的组织中从事公务的人员，或者在受国家机关委托代表国家行使职权的组织中从事公务的人员，或者虽未列入国家机关人员编制但在国家机关中从事公务的人员，视为国家机关工作人员。在乡（镇）以上中国共产党机关、人民政协机关中从事公务的人员，司法实践中也应当视为国家机关工作人员。

（二）国家机关、国有公司、企业、事业单位委派到非国有公司、企业、事业单位、社会团体从事公务的人员的认定

所谓委派，即委任、派遣，其形式多种多样，如任命、指派、提名、批准等。不论被委派的人身份如何，只要是接受国家机关、国有公司、企业、事业单位委派，代表国家机关、国有公司、企业、事业单位在非国有公司、企业、事业单位、社会团体中从事组织、领导、监督、管理等工作，都可以认定为国家机关、国有公司、企业、事业单位委派到非国有公司、企业、事业单位、社会团体从事公务的人员。如国家机关、国有公司、企业、事业单位委派在国有控股或者参股的股份有限公司从事组织、领导、监督、管理等工作的人员，应当以国家工作人员论。国有公司、企业改制为股份有限公司后，原国有公司、企业的工作人员和股份有限公司新任命的人员中，除代表国有投资主体行使监督、管理职权的人外，不以国家工作人员论。

（三）"其他依照法律从事公务的人员"的认定

刑法第九十三条第二款规定的"其他依照法律从事公务的人员"应当具有两个特征：一是在特定条件下行使国家管理职能；二是依照法律规定从事公务。具体包括：

（1）依法履行职责的各级人民代表大会代表；

（2）依法履行审判职责的人民陪审员；

（3）协助乡镇人民政府、街道办事处从事行政管理工作的村民委员会、居民委员会等农村和城市基层组织人员；

（4）其他由法律授权从事公务的人员。

（四）关于"从事公务"的理解

从事公务，是指代表国家机关、国有公司、企业、事业单位、人民团体等履行组织、领导、监督、管理等职责。公务主要表现为与职权相联系的公共事务以及监督、管理国有财产的职务活动。如国家机关工作人员依法履行职责，国有公司的董事、经理、监事、会计、出纳人员等

管理、监督国有财产等活动，属于从事公务。那些不具备职权内容的劳务活动、技术服务工作，如售货员、售票员等所从事的工作，一般不认为是公务。

二、关于贪污罪

(一) 贪污罪既遂与未遂的认定

贪污罪是一种以非法占有为目的的财产性职务犯罪，与盗窃、诈骗、抢夺等侵犯财产罪一样，应当以行为人是否实际控制财物作为区分贪污罪既遂与未遂的标准。对于行为人利用职务上的便利，实施了虚假平账等贪污行为，但公共财物尚未实际转移，或者尚未被行为人控制就被查获的，应当认定为贪污未遂。行为人控制公共财物后，是否将财物据为己有，不影响贪污既遂的认定。

(二) "受委托管理、经营国有财产"的认定

刑法第三百八十二条第二款规定的"受委托管理、经营国有财产"，是指因承包、租赁、临时聘用等管理、经营国有财产。

(三) 国家工作人员与非国家工作人员勾结共同非法占有单位财物行为的认定

对于国家工作人员与他人勾结，共同非法占有单位财物的行为，应当按照《最高人民法院关于审理贪污、职务侵占案件如何认定共同犯罪几个问题的解释》的规定定罪处罚。对于在公司、企业或者其他单位中，非国家工作人员与国家工作人员勾结，分别利用各自的职务便利，共同将本单位财物非法占有的，应当尽量区分主从犯，按照主犯的犯罪性质定罪。司法实践中，如果根据案件的实际情况，各共同犯罪人在共同犯罪中的地位、作用相当，难以区分主从犯的，可以贪污罪定罪处罚。

(四) 共同贪污犯罪中"个人贪污数额"的认定

刑法第三百八十三条第一款规定的"个人贪污数额"，在共同贪污犯罪案件中应理解为个人所参与或者组织、指挥共同贪污的数额，不能只按个人实际分得的赃款数额来认定。对共同贪污犯罪中的从犯，应当按照其所参与的共同贪污的数额确定量刑幅度，并依照刑法第二十七条第二款的规定，从轻、减轻处罚或者免除处罚。

典型案例

1. 黄艳兰贪污违法所得没收案[1]

◎ **关键词**

违法所得没收　利害关系人异议　善意第三方

◎ **要旨**

检察机关在适用违法所得没收程序中，应当承担证明有犯罪事实以及申请没收的财产属于违法所得及其他涉案财产的举证责任。利害关系人及其诉讼代理人参加诉讼并主张权利，但不能提供合法证据或者其主张明显与事实不符的，应当依法予以辩驳。善意第三方对申请没收财产享有合法权利的，应当依法予以保护。

◎ **基本案情**

犯罪嫌疑人黄艳兰，女，原某市物资总公司（简称物资总公司）总经理、法定代表人。

利害关系人施某某，黄艳兰朋友。

利害关系人邓某某，黄艳兰亲属。

利害关系人A银行股份有限公司上海分行（简称A银行上海分行）。

利害关系人B银行股份有限公司上海市南支行（简称B银行市南支行）。

利害关系人C银行股份有限公司上海市虹桥开发区支行（简称C银行虹桥支行）。

1993年5月至1998年8月，物资总公司用自有资金、银行贷款及融资借款经营期货等业务，由黄艳兰等人具体操作执行。其间，黄艳兰利用职务上的便利，先后控制和使用包括D商贸有限公司（简称D公司）等多个银行账户和证券账户进行期货交易，累计盈利人民币1.8亿余元，其中1.1亿余元未纳入物资总公司管理，由黄艳兰实际控制。

1997年7月至1999年4月，黄艳兰直接或指使他人先后从D公司等六个账户转出人民币3000.35万元，以全额付款方式在上海购买2套房产，

---

[1] 最高人民检察院检例第129号。

又向 A 银行上海分行、B 银行市南支行、C 银行虹桥支行按揭贷款在上海购买 50 套房产，分别登记在李某某（黄艳兰亲属）、施某某等人名下。在公司改制过程中，黄艳兰隐匿并占有上述房产。

2000 年 12 月，涉案 20 套房产因涉及民事纠纷被法院查封。为逃避债务，黄艳兰指使其亲属李某某将另外 32 套房产的合同权益虚假转让给施某某和高某某（施某某朋友），后又安排邓某某与施某某、高某某签订委托合同，继续由邓某某全权管理该房产。之后，黄艳兰指使邓某某出售 15 套，用部分售房款和剩余的 17 套房产（登记在施某某、高某某名下）出租所得款项又购买 6 套房产，其中 4 套登记在施某某名下，2 套登记在蒋某（邓某某亲属）名下，另将部分售房款和出租款存入以施某某等人名义开设的银行账户。经查，上述 23 套房产均以按揭贷款方式购买。2002 年 12 月至 2003 年 5 月，广西壮族自治区桂林市人民检察院依法查封了涉案 23 套房产，依法冻结施某某等人银行账户内存款人民币 90 余万元、美元 2.7 万余元。

◎ **诉讼过程**

2002 年 8 月 14 日，桂林市人民检察院以涉嫌贪污罪对黄艳兰立案侦查，查明黄艳兰已于 2001 年 12 月 8 日逃匿境外。2002 年 8 月 16 日，桂林市人民检察院决定对黄艳兰刑事拘留，同年 12 月 30 日决定逮捕。2005 年 5 月 23 日，国际刑警组织对黄艳兰发布红色通报。2016 年 12 月 23 日，桂林市人民检察院向桂林市中级人民法院提出没收违法所得申请。利害关系人施某某、邓某某、A 银行上海分行、B 银行市南支行、C 银行虹桥支行申请参加诉讼，对涉案财产主张权利。2018 年 11 月 15 日，桂林市中级人民法院作出裁定，依法没收黄艳兰实施贪污犯罪所得 23 套房产、银行账户内存款人民币 90 余万元、美元 2.7 万余元及利息，依法向 A 银行上海分行、B 银行市南支行、C 银行虹桥支行支付贷款欠款本金、利息及实现债权的费用。利害关系人施某某、邓某某不服提出上诉。2019 年 6 月 29 日，广西壮族自治区高级人民法院驳回上诉，维持一审裁定。

◎ **检察履职情况**

（一）详细梳理贪污资金流向，依法认定涉案财产属于贪污违法所得。检察机关经审查在案资金流向相关证据，结合对黄艳兰实施贪污犯罪行为的分析，证实黄艳兰贪污公款后购买 52 套房产，其中 2 套以全额付款方式购买，50 套以抵押贷款方式购买。司法机关已在相关民事诉讼中依法强制执行 20 套，黄艳兰指使邓某某出售 15 套，后用售房款和出租剩余 17 套房产所得款项又购买 6 套房产，另将部分售房款和出租房屋所得款项存入施某某等人名下银行账户。因此，在案 23 套房产以及存入施某某等人名下银行账户中的款项，均系黄艳兰贪污犯罪所得，依法应予以没收。

（二）针对性开展举证、质证、答辩，依法驳斥利害关系人不当异议。在开庭审理过程中，利害关系人邓某某及其诉讼代理人提出，以李某某名义开设的 E 期货账户曾转出 3077 万元至黄艳兰控制的 D 公司账户，购房资金来源于李某某从事期货交易的收益，并向法庭提交了开户资料等证据。出庭检察员对此从证据的合法性、真实性和关联性等方面，发表质证意见，提出邓某某及其诉讼代理人提交的开户资料等证据均为复印件，均未加盖出具单位公章，并有明显涂改痕迹，不具备证据的真实性。同时，根据证监会对涉案部分期货合约交易中有关单位和个人违规行为的处罚决定、期货公司出具的说明等书证、司法会计鉴定意见、检验鉴定意见以及相关证人证言，足以证实 E 期货账户系由黄艳兰指挥物资总公司工作人员开设和操作，账户内的保证金和资金高度可能属于物资总公司的公款。邓某某及其诉讼代理人所提意见与本案证据证明的事实不符，建议法庭不予采纳。另一利害关系人施某某及其诉讼代理人提出，施某某、高某某名下房产系施某某合法财产。对此，出庭检察员答辩指出，上述房产是相关民事纠纷过程中，黄艳兰为逃避债务，与李某某、黄某一（黄艳兰亲属）串通，将涉案房产登记到二人名下。且在变更登记后，施某某即将涉案房产委托给邓某某全权管理，涉案房产仍由邓某某实际控制，售房款、出租款等也均由邓某某控制和使用。施某某无法提交购房资金来源的证据，以证明其实际支付了购房款。因此，施某某及其诉讼代理人所提意见，与本案证据证明的事实不符，不应支持。法院对检察机关上述意见均予采纳。

（三）依法认定其他利害关系人身份，切实保护善意第三方合法权益。涉案 23 套房产均系黄艳兰利用贪污所得资金支付首付款后，向 A 银行上海分行、B 银行市南支行、C 银行虹桥支行以按揭贷款方式购买，三家银行对按揭贷款房产依法进行抵押，约定了担保债权的范围。诉讼期间，三家银行及其诉讼代理人提出，涉案房产的借款合同均合法有效，并享有抵押权，依法应当优先受偿。检察机关经审查认为，三家银行既未与黄艳兰串通，亦不明知黄艳兰购房首付款系贪污赃款，依法应当认定为善意第三方，其合法权益应当予以保护。根据《最高人民法院、最高人民检察院关于适用犯罪嫌疑人、被告人逃匿、死亡案件违法所得没收程序若干问题的规定》第七条第一款、第二款规定，检察机关依法认定上述三家银行系本案的"其他利害关系人"，对三家银行主张的优先受偿权，依法予以支持。

◎ **指导意义**

（一）利害关系人对申请没收财产提出异议或主张权利的，检察人员出庭时应当作为质证重点。根据《最高人民法院、最高人民检察院关于适用犯罪嫌疑人、被告人逃匿、死亡案件违法所得没收程序若干问题的规定》第十五条的规定，利害关系人在诉讼中对检察机关申请没收的财产属于违法所得及其他涉案财产等相关事实及证据有异议的，可以提出意见；对申请没收财产主张权利的，应当出示相关证据。对于其提供的证据不合法，或其异议明显与客观事实不符的，出庭检察人员应当围绕财产状态、财产来源、与违法犯罪的关系等内容，有针对性地予以驳斥，建议人民法院依法不予支持。

（二）善意第三方对申请没收财产享有合法权益的，应当依法保护。对申请没收财产因抵押而享有优先受偿权的债权人，或者享有其他合法权利的利害关系人，如果在案证据能够证明其在抵押权设定时对该财产系违法所得不知情，或者有理由相信该财产为合法财产，依法应当认定为善意第三方，对其享有的担保物权或其他合法权利，依法应当予以保护。

◎ **相关规定**

《中华人民共和国刑法》第三百八十二条第一款

《中华人民共和国合同法》第一百零七条、第二百零五条

《中华人民共和国担保法》第三十三条、第四十六条

《中华人民共和国刑事诉讼法》第二百九十八条、第二百九十九条、第三百条

《人民检察院刑事诉讼规则》第十二章第四节

《最高人民法院、最高人民检察院关于适用犯罪嫌疑人、被告人逃匿、死亡案件违法所得没收程序若干问题的规定》第一条至第三条，第五条至第十条，第十三条至十七条

2. 白静贪污违法所得没收案[①]

◎ **关键词**

违法所得没收　证明标准　鉴定人出庭　举证重点

◎ **要旨**

检察机关提出没收违法所得申请，应有证据证明申请没收的财产直接或者间接来源于犯罪所得，或者能够排除财产合法来源的可能性。人民检察院出席申请没收违法所得案件庭审，应当重点对于申请没收的财产属于违法所得进行举证。对于专业性较强的案件，可以申请鉴定人出庭。

◎ **基本案情**

犯罪嫌疑人白静，男，A国有银行金融市场部投资中心本币投资处原处长。

利害关系人邢某某，白静亲属。

诉讼代理人牛某，邢某某儿子。

2008至2010年间，白静伙同樊某某（曾任某国有控股的B证券公司投资银行事业部固定收益证券总部总经理助理、固定收益证券总部销售交易部总经理等职务，另案处理）等人先后成立了甲公司及乙公司，并在C银行股份有限公司为上述两公司开设了资金一般账户和进行银行间债券交易的丙类账户。白静、樊某某利用各自在A银行、B证券公司负责债券买卖业务的职务便利，在A银行购入或卖出债券，或者利用B证券公司的资质、信用委托其他银行代为购入、经营银行债券过程中，增加交易环节，将白静实际控制的甲公司和乙公司引入交易流程，使上述两公司与A银行、B证券公司进行关联交易，套取A银行、B证券公司的应得利益。通过上述方式对73支债券交易进行操纵，甲公司和乙公司在未投入任何资

[①] 最高人民检察院检例第127号。

金的情况下，套取国有资金共计人民币 2.06 亿余元。其中，400 余万元由樊某某占有使用，其他大部分资金由白静占有使用，白静使用 1.45 亿余元以全额付款方式购买 9 套房产，登记在自己妻子及其他亲属名下。该 9 套房产被办案机关依法查封。

◎ 诉讼过程

2013 年 9 月 9 日，内蒙古自治区公安厅以涉嫌职务侵占罪对白静立案侦查，查明白静已于 2013 年 7 月 31 日逃匿境外。2013 年 12 月 7 日，内蒙古自治区人民检察院对白静批准逮捕，同年 12 月 17 日国际刑警组织对白静发布红色通报。2019 年 2 月 2 日，内蒙古自治区公安厅将白静涉嫌贪污罪线索移送内蒙古自治区监察委员会，同年 2 月 28 日，内蒙古自治区监察委员会对白静立案调查。同年 5 月 20 日，内蒙古自治区监察委员会向内蒙古自治区人民检察院移送没收违法所得意见书。同年 5 月 24 日，内蒙古自治区人民检察院将案件交由呼和浩特市人民检察院办理。同年 6 月 6 日，呼和浩特市人民检察院向呼和浩特市中级人民法院提出没收违法所得申请。利害关系人及其诉讼代理人在法院公告期间申请参加诉讼，对检察机关没收违法所得申请没有提出异议。2020 年 11 月 13 日，呼和浩特市中级人民法院作出违法所得没收裁定，依法没收白静使用贪污违法所得购买的 9 套房产。

◎ 检察履职情况

（一）提前介入完善主体身份证据，依法妥善处理共同犯罪案件。内蒙古自治区检察机关提前介入白静案时，审查发现证明白静构成贪污罪主体身份的证据不足，而共同犯罪人樊某某已经被呼和浩特市赛罕区人民检察院以职务侵占罪提起公诉。检察机关依法将白静案和樊某某案一并审查，建议内蒙古自治区监察委员会针对二人主体身份进一步补充调取证据。监察机关根据检察机关列出的补充完善证据清单，补充调取了 A 银行党委会议纪要、B 证券公司党政联席会议纪要、任命文件等证据，证明白静与樊某某均系国家工作人员，二人利用职务上的便利侵吞国有资产的共同犯罪行为应当定性为贪污罪。检察机关在与监察机关、公安机关、人民法院就案件新证据和适用程序等问题充分沟通后，依法适用违法所得没收程序申请没收白静贪污犯罪所得，依法对樊某某案变更起诉指控罪名。

（二）严格审查监察机关没收违法所得意见，准确界定申请没收的财产范围。监察机关调查期间依法查封、扣押、冻结了白静亲属名下 11 套房产及部分资金，没收违法所得意见书认定上述财产均来源于白静贪污犯罪所得，建议检察机关依法申请没收。检察机关审查认为，监察机关查封的 9 套房产系以全额付款方式购买，均登记在白静亲属名下，但登记购买人均未出资且对该 9 套房产不知情；9 套房产的购买资金均来源于白静实际控制的甲公司和乙公司银行账户；白静伙同樊某某利用职务便利套取 A 银行和 B 证券公司资金后转入甲公司和乙公司银行账户。根据现有证据，可以认定该 9 套房产来源于白静贪污犯罪所得。

其余 2 套房产，现有证据证明其中 1 套系白静妻兄向白静借钱购买，且事后已将购房款项归还，检察机关认为无法认定该套房产属于白静贪污犯罪所得，不应列入申请没收的财产范围；另 1 套房产由樊某某购买并登记在樊名下，现有证据能够证明购房资金来源于二人贪污犯罪所得，但在樊某某案中处理更为妥当。监察机关冻结、扣押的资金，检察机关审查认为来源不清，且白静夫妇案发前一直在金融单位工作，收入较高，同时使用家庭收入进行了股票等金融类投资，现有证据尚达不到认定高度可能属于白静贪污违法所得的证明标准，不宜列入申请没收范围。监察机关认可上述意见。

（三）申请鉴定人出庭作证，增强庭审举证效果。本案证据繁杂、专业性强，白静贪污犯罪手段隐秘、过程复杂，在看似正常的银行间债券买卖过程中将其所控制公司引入交易流程，通过增加交易环节、控制交易价格，以低买高卖的方式套取 A 银行、B 证券公司应得利益。犯罪行为涉及银行间债券买卖的交易流程、交易策略、交易要素等专业知识，不为普通大众所熟知。2020 年 10 月 14 日，呼和浩特市中级人民法院公开开庭审理白静贪污违法所得没收案时，检察机关申请鉴定人出庭，就会计鉴定意见内容进行解释说明，对白静操纵债券交易过程和违法资金流向等进行全面分析，有力证明了白静贪污犯罪事实及贪污所得流向，增强了庭审举证效果。

（四）突出庭审举证重点，着重证明申请没收的财产属于违法所得。庭审中，检察机关针对白静有贪污犯罪事实出示相关证据。通过出示任职文件、会议纪要等证据，证明白静符合贪污罪主体要件；运用多媒体分类示证方式，分步骤展示白静对债券交易的操纵过程，证明其利用职务便利实施了贪污犯罪。对申请没收的9套房产属于白静贪污违法所得进行重点举证。出示购房合同、房产登记信息等书证及登记购买人证言，证明申请没收的9套房产系以全额付款方式购买，但登记购买人对房产不知情且未出资；出示委托付款书、付款凭证等书证，证明申请没收的9套房产的购买资金全部来源于白静控制的甲公司和乙公司银行账户；出示银行开户资料、银行流水等书证，相关证人证言，另案被告人樊某某供述及鉴定意见，并申请鉴定人出庭对鉴定意见进行说明，证明甲公司和乙公司银行账户的资金高度可能属于白静套取的A银行和B证券公司的国有资金，且部分用于购买房产等消费；出示查封、扣押通知书、接收协助执行法律文书登记表等书证，证明申请没收的9套房产已全部被监察机关依法查封。利害关系人及其诉讼代理人对检察机关出示的证据未提出异议。人民法院采信上述证据，依法裁定没收白静使用贪污违法所得购买的9套房产。

◎ 指导意义

（一）准确把握认定违法所得的证明标准，依法提出没收申请。检察机关提出没收违法所得申请，应当有证据证明有犯罪事实。除因犯罪嫌疑人、被告人逃匿无法收集的证据外，其他能够证明犯罪事实的证据都应当收集在案。在案证据应能够证明申请没收的财产具有高度可能系直接或者间接来源于违法所得或者系犯罪嫌疑人、被告人非法持有的违禁品、供犯罪所用的本人财物。对于在案证据无法证明部分财产系犯罪嫌疑人、被告人违法所得及其他涉案财产的，则不应列入申请没收的财产范围。

（二）证明申请没收的财产属于违法所得，是检察机关庭审举证的重点。人民法院开庭审理申请没收违法所得案件，人民检察院应当派员出席法庭承担举证责任。针对犯罪嫌疑人、被告人实施了法律规定的重大犯罪出示相关证据后，应当着重针对申请没收的财产属于违法所得进行举证。对于涉及金融证券类等重大复杂、专业性强的案件，检察机关可以申请人民法院通知鉴定人出庭作证，以增强证明效果。

◎ 相关规定

《中华人民共和国监察法》第四十八条

《中华人民共和国刑法》第三百八十二条第一款

《中华人民共和国刑事诉讼法》第二百九十八条、第二百九十九条、第三百条

《人民检察院刑事诉讼规则》第十二章第四节

《最高人民法院、最高人民检察院关于适用犯罪嫌疑人、被告人逃匿、死亡案件违法所得没收程序若干问题的规定》第一条至第三条，第五条至第十条，第十三条至第十七条

3. 李华波贪污案[①]

◎ **要旨**

对于贪污贿赂等重大职务犯罪案件，犯罪嫌疑人、被告人逃匿，在通缉一年后不能到案，如果有证据证明有犯罪事实，依照刑法规定应当追缴其违法所得及其他涉案财产的，应当依法适用违法所得没收程序办理。违法所得没收裁定生效后，在逃的职务犯罪嫌疑人自动投案或者被抓获，监察机关调查终结移送起诉的，检察机关应当依照普通刑事诉讼程序办理，并与原没收裁定程序做好衔接。

◎ **指导意义**

（一）对于犯罪嫌疑人、被告人逃匿的贪污贿赂等重大职务犯罪案件，符合法定条件的，人民检察院应当依法适用违法所得没收程序办理。对于贪污贿赂等重大职务犯罪案件，犯罪嫌疑人、被告人逃匿，在通缉一年后不能到案，如果有证据证明有犯罪事实，依照刑法规定应当追缴其违法所得及其他涉案财产的，人民检察院应当依法向人民法院提出没收违法所得的申请，促进追赃追逃工作开展。

（二）违法所得没收裁定生效后，犯罪嫌疑人、被告人到案的，人民检察院应当依照普通刑事诉讼程序审查起诉。人民检察院依照特别程序提出没收违法所得申请，人民法院作出没收裁定生效后，犯罪嫌疑人、被告人自动投案或者被抓获的，检察机关应当依照普通刑事诉讼程序进行审

[①] 最高人民检察院检例第74号。

查。人民检察院审查后，认为犯罪事实清楚，证据确实充分的，应当向原作出裁定的人民法院提起公诉。

（三）在依照普通刑事诉讼程序办理案件过程中，要与原违法所得没收程序做好衔接。对扣除已裁定没收财产后需要继续追缴违法所得的，检察机关应当依法审查提出意见，由人民法院判决后追缴。

4. 浙江省某县图书馆及赵某、徐某某单位受贿、私分国有资产、贪污案①

◎ **要旨**

人民检察院在对职务犯罪案件审查起诉时，如果认为相关单位亦涉嫌犯罪，且单位犯罪事实清楚、证据确实充分，经与监察机关沟通，可以依法对犯罪单位提起公诉。检察机关在审查起诉中发现遗漏同案犯或犯罪事实的，应当及时与监察机关沟通，依法处理。

◎ **指导意义**

（一）检察机关对单位犯罪可依法直接追加起诉。人民检察院审查监察机关移送起诉的案件，应当查明有无遗漏罪行和其他应当追究刑事责任的人。对于单位犯罪案件，监察机关只对直接负责的主管人员和其他直接责任人员移送起诉，未移送起诉涉嫌犯罪单位的，如果犯罪事实清楚，证据确实充分，经与监察机关沟通，检察机关对犯罪单位可以依法直接提起公诉。

（二）检察机关在审查起诉中发现遗漏同案犯或犯罪事实的，应当及时与监察机关沟通，依法处理。检察机关在审查起诉中，如果发现监察机关移送起诉的案件遗漏同案职务犯罪人或犯罪事实的，应当及时与监察机关沟通，依法处理。如果监察机关在本案审查起诉期限内调查终结移送起诉，且犯罪事实清楚，证据确实充分的，可以并案起诉；如果监察机关不能在本案审查起诉期限内调查终结移送起诉，或者虽然移送起诉，但因案情重大复杂等原因不能及时审结的，也可分案起诉。

---

① 最高人民检察院检例第73号。

5. 杨延虎等贪污案①

◎ **裁判要点**

1. 贪污罪中的"利用职务上的便利",是指利用职务上主管、管理、经手公共财物的权力及方便条件,既包括利用本人职务上主管、管理公共财物的职务便利,也包括利用职务上有隶属关系的其他国家工作人员的职务便利。

2. 土地使用权具有财产性利益,属于刑法第三百八十二条第一款规定中的"公共财物",可以成为贪污的对象。

6. 束某龙贪污案②

◎ **案例要旨**

根据刑法第三百八十二条第一款的规定,被告人在国有事业单位改制中,利用职务便利隐瞒国有资产,并将其转移到改制后自己占有投资份额的公司中,构成了贪污罪,但贪污数额应按照被告人在改制后的公司中所占投资份额的比例认定。

7. 尚某多等人贪污案③

◎ **案例要旨**

国有事业单位工作人员利用职务便利,截留并侵吞本单位违法收取的不合理费用,应根据刑法第三百八十二条的规定,以贪污罪论处。

8. 王某兵贪污案④

◎ **案例要旨**

在企业改制过程中,国有企业工作人员利用受委派在国有、集体联营

---

① 最高人民法院指导案例 11 号。
② 《最高人民法院公报》2005 年第 7 期。
③ 《最高人民法院公报》2004 年第 12 期。
④ 《最高人民法院公报》2004 年第 5 期。

企业中从事公务的职务便利，将国有、集体联营企业的公共财产转移至自己及亲属控股的个人股份制企业并非法占有，应认定构成贪污罪。

9. 陈某贪污、挪用公款案①

◎ 案例要旨

国有银行工作人员，利用职务便利挪用公款，携带公司银行账户凭证和全部炒股手续潜逃，将其中的公款置于自己控制之下，有能力归还而拒不归还，主观上具有非法占有的故意，其行为构成贪污罪。

第三百八十三条　贪污罪的处罚

对犯贪污罪的，根据情节轻重，分别依照下列规定处罚：

（一）贪污数额较大或者有其他较重情节的，处三年以下有期徒刑或者拘役，并处罚金。

（二）贪污数额巨大或者有其他严重情节的，处三年以上十年以下有期徒刑，并处罚金或者没收财产。

（三）贪污数额特别巨大或者有其他特别严重情节的，处十年以上有期徒刑或者无期徒刑，并处罚金或者没收财产；数额特别巨大，并使国家和人民利益遭受特别重大损失的，处无期徒刑或者死刑，并处没收财产。

对多次贪污未经处理的，按照累计贪污数额处罚。

犯第一款罪，在提起公诉前如实供述自己罪行、真诚悔罪、积极退赃，避免、减少损害结果的发生，有第一项规定情形的，可以从轻、减轻或者免除处罚；有第二项、第三项规定情形的，可以从轻处罚。

---

① 《最高人民法院公报》2004 年第 1 期。

> 犯第一款罪，有第三项规定情形被判处死刑缓期执行的，人民法院根据犯罪情节等情况可以同时决定在其死刑缓期执行二年期满依法减为无期徒刑后，终身监禁，不得减刑、假释。①

❋ 要点提示

本条第二款是对多次贪污未经处理的如何计算贪污数额的规定。多次贪污未经处理，是指两次以上的贪污行为，以前既没有受过刑事处罚，也没有受过行政处理，追究其刑事责任时，应当累计计算贪污数额。

本条第三款是关于对贪污犯罪可以从宽处理的规定。对贪污犯罪从宽处理必须同时符合以下条件：一是，在提起公诉前。"提起公诉"是人民检察院对监察机关、公安机关移送起诉或者人民检察院自行侦查终结认为应当起诉的案件，经全面审查，对事实清楚，证据确实充分，依法应当判处刑罚的，提交人民法院审判的诉讼活动。二是，行为人必须如实供述自己罪行、真诚悔罪、积极退赃。如实供述自己罪行，是指犯罪分子对于自己所犯的罪行，无论司法机关是否掌握，都要如实地、全部地、无保留地向司法机关供述。需要指出的是"如实供述自己罪行、真诚悔罪、积极退赃"是并列条件，要求全部具备。三是，避免、减少损害结果的发生。犯罪分子真诚悔罪、积极退赃的表现，必须要达到避免或者减少损害结果发生的实际效果。在同时具备以上前提的条件下，本款根据贪污受贿的不同

---

① 根据2015年8月29日《刑法修正案（九）》修改。原条文为："对犯贪污罪的，根据情节轻重，分别依照下列规定处罚：

"（一）个人贪污数额在十万元以上的，处十年以上有期徒刑或者无期徒刑，可以并处没收财产；情节特别严重的，处死刑，并处没收财产。

"（二）个人贪污数额在五万元以上不满十万元的，处五年以上有期徒刑，可以并处没收财产；情节特别严重的，处无期徒刑，并处没收财产。

"（三）个人贪污数额在五千元以上不满五万元的，处一年以上七年以下有期徒刑；情节严重的，处七年以上十年以下有期徒刑。个人贪污数额在五千元以上不满一万元，犯罪后有悔改表现、积极退赃的，可以减轻处罚或者免予刑事处罚，由其所在单位或者上级主管机关给予行政处分。

"（四）个人贪污数额不满五千元，情节较重的，处二年以下有期徒刑或者拘役；情节较轻的，由其所在单位或者上级主管机关酌情给予行政处分。

"对多次贪污未经处理的，按照累计贪污数额处罚。"

情形，规定可以从宽处罚。

　　本条第四款规定只是明确了可以适用"终身监禁"的人员的范围，并不是所有贪污受贿犯罪被判处死刑缓期执行的都要"终身监禁"，是否"终身监禁"，应由人民法院根据其所实施犯罪的具体情节等情况综合考虑。这里规定的"同时"，是指被判处死刑缓期执行的同时，不是在死刑缓期执行二年期满以后减刑的"同时"。根据《刑事诉讼法》第二百六十五条的规定，可以暂予监外执行的对象是被判处有期徒刑和拘役的罪犯，因此，终身监禁的罪犯，不得减刑、假释，也不得暂予监外执行。

❇ 关联规定

1.《刑法》（2023 年 12 月 29 日）

　　第一百八十三条　保险公司的工作人员利用职务上的便利，故意编造未曾发生的保险事故进行虚假理赔，骗取保险金归自己所有的，依照本法第二百七十一条的规定定罪处罚。

　　国有保险公司工作人员和国有保险公司委派到非国有保险公司从事公务的人员有前款行为的，依照本法第三百八十二条、第三百八十三条的规定定罪处罚。

　　第二百七十一条　公司、企业或者其他单位的工作人员，利用职务上的便利，将本单位财物非法占为己有，数额较大的，处三年以下有期徒刑或者拘役，并处罚金；数额巨大的，处三年以上十年以下有期徒刑，并处罚金；数额特别巨大的，处十年以上有期徒刑或者无期徒刑，并处罚金。

　　国有公司、企业或者其他国有单位中从事公务的人员和国有公司、企业或者其他国有单位委派到非国有公司、企业以及其他单位从事公务的人员有前款行为的，依照本法第三百八十二条、第三百八十三条的规定定罪处罚。

　　第三百八十六条　对犯受贿罪的，根据受贿所得数额及情节，依照本法第三百八十三条的规定处罚。索贿的从重处罚。

　　第三百九十四条　国家工作人员在国内公务活动或者对外交往中接受礼物，依照国家规定应当交公而不交公，数额较大的，依照本法第三百八十二条、第三百八十三条的规定定罪处罚。

2.《刑事诉讼法》（2018年10月26日）

第二百六十五条　对被判处有期徒刑或者拘役的罪犯，有下列情形之一的，可以暂予监外执行：

（一）有严重疾病需要保外就医的；

（二）怀孕或者正在哺乳自己婴儿的妇女；

（三）生活不能自理，适用暂予监外执行不致危害社会的。

对被判处无期徒刑的罪犯，有前款第二项规定情形的，可以暂予监外执行。

对适用保外就医可能有社会危险性的罪犯，或者自伤自残的罪犯，不得保外就医。

对罪犯确有严重疾病，必须保外就医的，由省级人民政府指定的医院诊断并开具证明文件。

在交付执行前，暂予监外执行由交付执行的人民法院决定；在交付执行后，暂予监外执行由监狱或者看守所提出书面意见，报省级以上监狱管理机关或者设区的市一级以上公安机关批准。

3.《全国人民代表大会常务委员会关于〈中华人民共和国刑法〉第九十三条第二款的解释》（2009年8月27日）

全国人民代表大会常务委员会讨论了村民委员会等村基层组织人员在从事哪些工作时属于刑法第九十三条第二款规定的"其他依照法律从事公务的人员"，解释如下：

村民委员会等村基层组织人员协助人民政府从事下列行政管理工作，属于刑法第九十三条第二款规定的"其他依照法律从事公务的人员"：

（一）救灾、抢险、防汛、优抚、扶贫、移民、救济款物的管理；

（二）社会捐助公益事业款物的管理；

（三）国有土地的经营和管理；

（四）土地征收、征用补偿费用的管理；

(五) 代征、代缴税款；

(六) 有关计划生育、户籍、征兵工作；

(七) 协助人民政府从事的其他行政管理工作。

村民委员会等村基层组织人员从事前款规定的公务，利用职务上的便利，非法占有公共财物、挪用公款、索取他人财物或者非法收受他人财物，构成犯罪的，适用刑法第三百八十二条和第三百八十三条贪污罪、第三百八十四条挪用公款罪、第三百八十五条和第三百八十六条受贿罪的规定。

现予公告。

4.《最高人民法院、最高人民检察院关于办理贪污贿赂刑事案件适用法律若干问题的解释》（2016年4月18日）

第一条　贪污或者受贿数额在三万元以上不满二十万元的，应当认定为刑法第三百八十三条第一款规定的"数额较大"，依法判处三年以下有期徒刑或者拘役，并处罚金。

贪污数额在一万元以上不满三万元，具有下列情形之一的，应当认定为刑法第三百八十三条第一款规定的"其他较重情节"，依法判处三年以下有期徒刑或者拘役，并处罚金：

(一) 贪污救灾、抢险、防汛、优抚、扶贫、移民、救济、防疫、社会捐助等特定款物的；

(二) 曾因贪污、受贿、挪用公款受过党纪、行政处分的；

(三) 曾因故意犯罪受过刑事追究的；

(四) 赃款赃物用于非法活动的；

(五) 拒不交待赃款赃物去向或者拒不配合追缴工作，致使无法追缴的；

(六) 造成恶劣影响或者其他严重后果的。

受贿数额在一万元以上不满三万元，具有前款第二项至第六项规定的情形之一，或者具有下列情形之一的，应当认定为刑法第三百八十三条第一款规定的"其他较重情节"，依法判处三年以下有期徒刑或者拘役，并处罚金：

（一）多次索贿的；

（二）为他人谋取不正当利益，致使公共财产、国家和人民利益遭受损失的；

（三）为他人谋取职务提拔、调整的。

第二条 贪污或者受贿数额在二十万元以上不满三百万元的，应当认定为刑法第三百八十三条第一款规定的"数额巨大"，依法判处三年以上十年以下有期徒刑，并处罚金或者没收财产。

贪污数额在十万元以上不满二十万元，具有本解释第一条第二款规定的情形之一的，应当认定为刑法第三百八十三条第一款规定的"其他严重情节"，依法判处三年以上十年以下有期徒刑，并处罚金或者没收财产。

受贿数额在十万元以上不满二十万元，具有本解释第一条第三款规定的情形之一的，应当认定为刑法第三百八十三条第一款规定的"其他严重情节"，依法判处三年以上十年以下有期徒刑，并处罚金或者没收财产。

第三条 贪污或者受贿数额在三百万元以上的，应当认定为刑法第三百八十三条第一款规定的"数额特别巨大"，依法判处十年以上有期徒刑、无期徒刑或者死刑，并处罚金或者没收财产。

贪污数额在一百五十万元以上不满三百万元，具有本解释第一条第二款规定的情形之一的，应当认定为刑法第三百八十三条第一款规定的"其他特别严重情节"，依法判处十年以上有期徒刑、无期徒刑或者死刑，并处罚金或者没收财产。

受贿数额在一百五十万元以上不满三百万元，具有本解释第一条第三款规定的情形之一的，应当认定为刑法第三百八十三条第一款规定的"其他特别严重情节"，依法判处十年以上有期徒刑、无期徒刑或者死刑，并处罚金或者没收财产。

第四条 贪污、受贿数额特别巨大，犯罪情节特别严重、社会影响特别恶劣、给国家和人民利益造成特别重大损失的，可以判处死刑。

符合前款规定的情形，但具有自首、立功，如实供述自己罪行、真诚悔罪、积极退赃，或者避免、减少损害结果的发生等情节，不是必须立即执行的,可以判处死刑缓期二年执行。

符合第一款规定情形的,根据犯罪情节等情况可以判处死刑缓期二年执行,同时裁判决定在其死刑缓期执行二年期满依法减为无期徒刑后,终身监禁,不得减刑、假释。

第十六条 国家工作人员出于贪污、受贿的故意,非法占有公共财物、收受他人财物之后,将赃款赃物用于单位公务支出或者社会捐赠的,不影响贪污罪、受贿罪的认定,但量刑时可以酌情考虑。

特定关系人索取、收受他人财物,国家工作人员知道后未退还或者上交的,应当认定国家工作人员具有受贿故意。

第十八条 贪污贿赂犯罪分子违法所得的一切财物,应当依照刑法第六十四条的规定予以追缴或者责令退赔,对被害人的合法财产应当及时返还。对尚未追缴到案或者尚未足额退赔的违法所得,应当继续追缴或者责令退赔。

第十九条 对贪污罪、受贿罪判处三年以下有期徒刑或者拘役的,应当并处十万元以上五十万元以下的罚金;判处三年以上十年以下有期徒刑的,应当并处二十万元以上犯罪数额二倍以下的罚金或者没收财产;判处十年以上有期徒刑或者无期徒刑的,应当并处五十万元以上犯罪数额二倍以下的罚金或者没收财产。

对刑法规定并处罚金的其他贪污贿赂犯罪,应当在十万元以上犯罪数额二倍以下判处罚金。

第二十条 本解释自 2016 年 4 月 18 日起施行。最高人民法院、最高人民检察院此前发布的司法解释与本解释不一致的,以本解释为准。

5.《最高人民检察院关于贪污养老、医疗等社会保险基金能否适用〈最高人民法院、最高人民检察院关于办理贪污贿赂刑事案件适用法律若干问题的解释〉第一条第二款第一项规定的批复》(2017 年 7 月 26 日)

各省、自治区、直辖市人民检察院,解放军军事检察院,新疆生产建设兵团人民检察院:

近来,一些地方人民检察院就贪污养老、医疗等社会保险基金能否适用《最高人民法院、最高人民检察院关于办理贪污贿赂刑事案件适用法律若干问题的解释》第一条第二款第一项规定请示我院。经研究，批复如下：

养老、医疗、工伤、失业、生育等社会保险基金可以认定为《最高人民法院、最高人民检察院关于办理贪污贿赂刑事案件适用法律若干问题的解释》第一条第二款第一项规定的"特定款物"。

根据刑法和有关司法解释规定，贪污罪和挪用公款罪中的"特定款物"的范围有所不同，实践中应注意区分，依法适用。

此复。

6.《最高人民法院、最高人民检察院关于办理赌博刑事案件具体应用法律若干问题的解释》（2005年5月13日）

第七条　通过赌博或者为国家工作人员赌博提供资金的形式实施行贿、受贿行为，构成犯罪的，依照刑法关于贿赂犯罪的规定定罪处罚。

7.《最高人民法院、最高人民检察院关于办理妨害预防、控制突发传染病疫情等灾害的刑事案件具体应用法律若干问题的解释》（2003年5月15日）

第十四条第一款　贪污、侵占用于预防、控制突发传染病疫情等灾害的款物或者挪用归个人使用，构成犯罪的，分别依照刑法第三百八十二条、第三百八十三条、第二百七十一条、第三百八十四条、第二百七十二条的规定，以贪污罪、职务侵占罪、挪用公款罪、挪用资金罪定罪，依法从重处罚。

8.《最高人民法院关于审理挪用公款案件具体应用法律若干问题的解释》（1998年4月29日）

第六条　携带挪用的公款潜逃的，依照刑法第三百八十二条、第三百八十三条的规定定罪处罚。

9.《最高人民法院关于办理减刑、假释案件具体应用法律的规定》（2016年11月14日）

为确保依法公正办理减刑、假释案件，依据《中华人民共和国刑法》《中华人民共和国刑事诉讼法》《中华人民共和国监狱法》和其他法律规定，结合司法实践，制定本规定。

第一条 减刑、假释是激励罪犯改造的刑罚制度，减刑、假释的适用应当贯彻宽严相济刑事政策，最大限度地发挥刑罚的功能，实现刑罚的目的。

第二条 对于罪犯符合刑法第七十八条第一款规定"可以减刑"条件的案件，在办理时应当综合考察罪犯犯罪的性质和具体情节、社会危害程度、原判刑罚及生效裁判中财产性判项的履行情况、交付执行后的一贯表现等因素。

第三条 "确有悔改表现"是指同时具备以下条件：

（一）认罪悔罪；

（二）遵守法律法规及监规，接受教育改造；

（三）积极参加思想、文化、职业技术教育；

（四）积极参加劳动，努力完成劳动任务。

对职务犯罪、破坏金融管理秩序和金融诈骗犯罪、组织（领导、参加、包庇、纵容）黑社会性质组织犯罪等罪犯，不积极退赃、协助追缴赃款赃物、赔偿损失，或者服刑期间利用个人影响力和社会关系等不正当手段意图获得减刑、假释的，不认定其"确有悔改表现"。

罪犯在刑罚执行期间的申诉权利应当依法保护，对其正当申诉不能不加分析地认为是不认罪悔罪。

第四条 具有下列情形之一的，可以认定为有"立功表现"：

（一）阻止他人实施犯罪活动的；

（二）检举、揭发监狱内外犯罪活动，或者提供重要的破案线索，经查证属实的；

（三）协助司法机关抓捕其他犯罪嫌疑人的；

（四）在生产、科研中进行技术革新，成绩突出的；

（五）在抗御自然灾害或者排除重大事故中，表现积极的；

（六）对国家和社会有其他较大贡献的。

第（四）项、第（六）项中的技术革新或者其他较大贡献应当由罪犯在刑罚执行期间独立或者为主完成，并经省级主管部门确认。

第五条 具有下列情形之一的，应当认定为有"重大立功表现"：

（一）阻止他人实施重大犯罪活动的；

（二）检举监狱内外重大犯罪活动，经查证属实的；

（三）协助司法机关抓捕其他重大犯罪嫌疑人的；

（四）有发明创造或者重大技术革新的；

（五）在日常生产、生活中舍己救人的；

（六）在抗御自然灾害或者排除重大事故中，有突出表现的；

（七）对国家和社会有其他重大贡献的。

第（四）项中的发明创造或者重大技术革新应当是罪犯在刑罚执行期间独立或者为主完成并经国家主管部门确认的发明专利，且不包括实用新型专利和外观设计专利；第（七）项中的其他重大贡献应当由罪犯在刑罚执行期间独立或者为主完成，并经国家主管部门确认。

第六条 被判处有期徒刑的罪犯减刑起始时间为：不满五年有期徒刑的，应当执行一年以上方可减刑；五年以上不满十年有期徒刑的，应当执行一年六个月以上方可减刑；十年以上有期徒刑的，应当执行二年以上方可减刑。有期徒刑减刑的起始时间自判决执行之日起计算。

确有悔改表现或者有立功表现的，一次减刑不超过九个月有期徒刑；确有悔改表现并有立功表现的，一次减刑不超过一年有期徒刑；有重大立功表现的，一次减刑不超过一年六个月有期徒刑；确有悔改表现并有重大立功表现的，一次减刑不超过二年有期徒刑。

被判处不满十年有期徒刑的罪犯，两次减刑间隔时间不得少于一年；被判处十年以上有期徒刑的罪犯，两次减刑间隔时间不得少于一年六个月。减刑间隔时间不得低于上次减刑减去的刑期。

罪犯有重大立功表现的，可以不受上述减刑起始时间和间隔时间的限制。

第七条 对符合减刑条件的职务犯罪罪犯，破坏金融管理秩序和金融诈骗犯罪罪犯，组织、领导、参加、包庇、纵容黑社会性质组织犯罪罪犯，危害国家安全犯罪罪犯，恐怖活动犯罪罪犯，毒品犯罪集团的首要分子及毒品再犯，累犯，确有履行能力而不履行或者不全部履行生效裁判中财产性判项的罪犯，被判处十年以下有期徒刑的，执行二年以上方可减刑，减刑幅度应当比照本规定第六条从严掌握，一次减刑不超过一年有期徒刑，两次减刑之间应当间隔一年以上。

对被判处十年以上有期徒刑的前款罪犯，以及因故意杀人、强奸、抢劫、绑架、放火、爆炸、投放危险物质或者有组织的暴力性犯罪被判处十年以上有期徒刑的罪犯，数罪并罚且其中两罪以上被判处十年以上有期徒刑的罪犯，执行二年以上方可减刑，减刑幅度应当比照本规定第六条从严掌握，一次减刑不超过一年有期徒刑，两次减刑之间应当间隔一年六个月以上。

罪犯有重大立功表现的，可以不受上述减刑起始时间和间隔时间的限制。

第八条 被判处无期徒刑的罪犯在刑罚执行期间，符合减刑条件的，执行二年以上，可以减刑。减刑幅度为：确有悔改表现或者有立功表现的，可以减为二十二年有期徒刑；确有悔改表现并有立功表现的，可以减为二十一年以上二十二年以下有期徒刑；有重大立功表现的，可以减为二十年以上二十一年以下有期徒刑；确有悔改表现并有重大立功表现的，可以减为十九年以上二十年以下有期徒刑。无期徒刑罪犯减为有期徒刑后再减刑时，减刑幅度依照本规定第六条的规定执行。两次减刑间隔时间不得少于二年。

罪犯有重大立功表现的，可以不受上述减刑起始时间和间隔时间的限制。

第九条 对被判处无期徒刑的职务犯罪罪犯，破坏金融管理秩序和金融诈骗犯罪罪犯，组织、领导、参加、包庇、纵容黑社会性质组织犯罪罪犯，危害国家安全犯罪罪犯，恐怖活动犯罪罪犯，毒品犯罪集团的首要分子及毒品再犯，累犯以及因故意杀人、强奸、抢劫、绑架、放火、爆炸、投放危险物质或者有组织的暴力性犯罪的罪犯，确有履行能力而不履行或者不全部履行生效裁判中财产性判项的罪犯，数罪并罚被判处无期徒刑的罪犯，符合减刑条件的，执行三年以上方可减刑，减刑幅度应当比照本规定第八条从严掌握，减刑后的刑期最低不得少于二十年有期徒刑；减为有期徒刑后再减刑时，减刑幅度比照本规定第六条从严掌握，一次不超过一年有期徒刑，两次减刑之间应当间隔二年以上。

罪犯有重大立功表现的，可以不受上述减刑起始时间和间隔时间的限制。

第十条 被判处死刑缓期执行的罪犯减为无期徒刑后，符合减刑条件的，执行三年以上方可减刑。减刑幅度为：确有悔改表现或者有立功表现的，可以减为二十五年有期徒刑；确有悔改表现并有立功表现的，可以减为二十四年以上二十五年以下有期徒刑；有重大立功表现的，可以减为二十三年以上二十四年以下有期徒刑；确有悔改表现并有重大立功表现的，可以减为二十二年以上二十三年以下有期徒刑。

被判处死刑缓期执行的罪犯减为有期徒刑后再减刑时，比照本规定第八条的规定办理。

第十一条 对被判处死刑缓期执行的职务犯罪罪犯，破坏金融管理秩序和金融诈骗犯罪罪犯，组织、领导、参加、包庇、纵容黑社会性质组织犯罪罪犯，危害国家安全犯罪罪犯，恐怖活动犯罪罪犯，毒品犯罪集团的首要分子及毒品再犯，累犯以及因故意杀人、强奸、抢劫、绑架、放火、爆炸、投放危险物质或者有组织的暴力性犯罪的罪犯，确有履行能力而不履行或者不全部履行生效裁判中财产性判项的罪犯，数罪并罚被判处死刑缓期执行的罪犯，减为无期徒刑后，符合减刑条件的，执行三年以上方可减刑，一般减为二十五年有期徒刑，有立功表现或者重大立功表现的，可以比照本规定第十条减为二十三年以上二十五年以下有期徒刑；减为有期徒刑后再减刑时，减刑幅度比照本规定第六条从严掌握，一次不超过一年有期徒刑，两次减刑之间应当间隔二年以上。

第十二条 被判处死刑缓期执行的罪犯经过一次或者几次减刑后，其实际执行的刑期不得少于十五年，死刑缓期执行期间不包括在内。

死刑缓期执行罪犯在缓期执行期间不服从监管、抗拒改造，尚未构成犯罪的，在减为无期徒刑后再减刑时应当适当从严。

第十三条 被限制减刑的死刑缓期执行罪犯，减为无期徒刑后，符合减刑条件的，执行五年以上方可减刑。减刑间隔时间和减刑幅度依照本规定第十一条的规定执行。

第十四条 被限制减刑的死刑缓期执行罪犯，减为有期徒刑后再减刑时，一次减刑不超过六个月有期徒刑，两次减刑间隔时间不得少于二年。有重大立功表现的，间隔时间可以适当缩短，但一次减刑不超过一年有期徒刑。

第十五条 对被判处终身监禁的罪犯，在死刑缓期执行期满依法减为无期徒刑的裁定中，应当明确终身监禁，不得再减刑或者假释。

第十六条 被判处管制、拘役的罪犯，以及判决生效后剩余刑期不满二年有期徒刑的罪犯，符合减刑条件的，可以酌情减刑，减刑起始时间可以适当缩短，但实际执行的刑期不得少于原判刑期的二分之一。

第十七条 被判处有期徒刑罪犯减刑时，对附加剥夺政治权利的期限可以酌减。酌减后剥夺政治权利的期限，不得少于一年。

被判处死刑缓期执行、无期徒刑的罪犯减为有期徒刑时，应当将附加剥夺政治权利的期限减为七年以上十年以下，经过一次或者几次减刑后，最终剥夺政治权利的期限不得少于三年。

第十八条 被判处拘役或者三年以下有期徒刑，并宣告缓刑的罪犯，一般不适用减刑。

前款规定的罪犯在缓刑考验期内有重大立功表现的，可以参照刑法第七十八条的规定予以减刑，同时应当依法缩减其缓刑考验期。缩减后，拘役的缓刑考验期限不得少于二个月，有期徒刑的缓刑考验期限不得少于一年。

第十九条 对在报请减刑前的服刑期间不满十八周岁，且所犯罪行不属于刑法第八十一条第二款规定情形的罪犯，认罪悔罪，遵守法律法规及监规，积极参加学习、劳动，应当视为确有悔改表现。

对上述罪犯减刑时，减刑幅度可以适当放宽，或者减刑起始时间、间隔时间可以适当缩短，但放宽的幅度和缩短的时间不得超过本规定中相应幅度、时间的三分之一。

第二十条 老年罪犯、患严重疾病罪犯或者身体残疾罪犯减刑时，应当主要考察其认罪悔罪的实际表现。

对基本丧失劳动能力、生活难以自理的上述罪犯减刑时，减刑幅度可以适当放宽，或者减刑起始时间、间隔时间可以适当缩短，但放宽的幅度和缩短的时间不得超过本规定中相应幅度、时间的三分之一。

第二十一条 被判处有期徒刑、无期徒刑的罪犯在刑罚执行期间又故意犯罪，新罪被判处有期徒刑的，自新罪判决确定之日起三年内不予减刑；新罪被判处无期徒刑的，自新罪判决确定之日起四年内不予减刑。

罪犯在死刑缓期执行期间又故意犯罪，未被执行死刑的，死刑缓期执行的期间重新计算，减为无期徒刑后，五年内不予减刑。

被判处死刑缓期执行罪犯减刑后，在刑罚执行期间又故意犯罪的，依照第一款规定处理。

第二十二条 办理假释案件，认定"没有再犯罪的危险"，除符合刑法第八十一条规定的情形外，还应当根据犯罪的具体情节、原判刑罚情况、在刑罚执行中的一贯表现、罪犯的年龄、身体状况、性格特征，假释后生活来源以及监管条件等因素综合考虑。

第二十三条 被判处有期徒刑的罪犯假释时，执行原判刑期二分之一的时间，应当从判决执行之日起计算，判决执行以前先行羁押的，羁押一日折抵刑期一日。

被判处无期徒刑的罪犯假释时，刑法中关于实际执行刑期不得少于十三年的时间，应当从判决生效之日起计算。判决生效以前先行羁押的时间不予折抵。

被判处死刑缓期执行的罪犯减为无期徒刑或者有期徒刑后，实际执行十五年以上，方可假释，该实际执行时间应当从死刑缓期执行期满之日起计算。死刑缓期执行期间不包括在内，判决确定以前先行羁押的时间不予折抵。

第二十四条 刑法第八十一条第一款规定的"特殊情况"，是指有国家政治、国防、外交等方面特殊需要的情况。

第二十五条 对累犯以及因故意杀人、强奸、抢劫、绑架、放火、爆炸、投放危险物质或者有组织的暴力性犯罪被判处十年以上有期徒刑、无期徒刑的罪犯，不得假释。

因前款情形和犯罪被判处死刑缓期执行的罪犯，被减为无期徒刑、有期徒刑后，也不得假释。

第二十六条 对下列罪犯适用假释时可以依法从宽掌握：

（一）过失犯罪的罪犯、中止犯罪的罪犯、被胁迫参加犯罪的罪犯；

（二）因防卫过当或者紧急避险过当而被判处有期徒刑以上刑罚的罪犯；

（三）犯罪时未满十八周岁的罪犯；

（四）基本丧失劳动能力、生活难以自理，假释后生活确有着落的老年罪犯、患严重疾病罪犯或者身体残疾罪犯；

（五）服刑期间改造表现特别突出的罪犯；

（六）具有其他可以从宽假释情形的罪犯。

罪犯既符合法定减刑条件，又符合法定假释条件的，可以优先适用假释。

第二十七条 对于生效裁判中有财产性判项，罪犯确有履行能力而不履行或者不全部履行的，不予假释。

第二十八条 罪犯减刑后又假释的，间隔时间不得少于一年；对一次减去一年以上有期徒刑后，决定假释的，间隔时间不得少于一年六个月。

罪犯减刑后余刑不足二年，决定假释的，可以适当缩短间隔时间。

第二十九条 罪犯在假释考验期内违反法律、行政法规或者国务院有关部门关于假释的监督管理规定的，作出假释裁定的人民法院，应当在收到报请机关或者检察机关撤销假释建议书后及时审查，作出是否撤销假释的裁定，并送达报请机关，同时抄送人民检察院、公安机关和原刑罚执行机关。

罪犯在逃的，撤销假释裁定书可以作为对罪犯进行追捕的依据。

第三十条 依照刑法第八十六条规定被撤销假释的罪犯，一般不得再假释。但依照该条第二款被撤销假释的罪犯，如果罪犯对漏罪曾作如实供述但原判未予认定，或者漏罪系其自首，符合假释条件的，可以再假释。

被撤销假释的罪犯，收监后符合减刑条件的，可以减刑，但减刑起始时间自收监之日起计算。

第三十一条 年满八十周岁、身患疾病或者生活难以自理、没有再犯罪危险的罪犯，既符合减刑条件，又符合假释条件的，优先适用假释；不符合假释条件的，参照本规定第二十条有关的规定从宽处理。

第三十二条　人民法院按照审判监督程序重新审理的案件，裁定维持原判决、裁定的，原减刑、假释裁定继续有效。

再审裁判改变原判决、裁定的，原减刑、假释裁定自动失效，执行机关应当及时报请有管辖权的人民法院重新作出是否减刑、假释的裁定。重新作出减刑裁定时，不受本规定有关减刑起始时间、间隔时间和减刑幅度的限制。重新裁定时应综合考虑各方面因素，减刑幅度不得超过原裁定减去的刑期总和。

再审改判为死刑缓期执行或者无期徒刑的，在新判决减为有期徒刑之时，原判决已经实际执行的刑期一并扣减。

再审裁判宣告无罪的，原减刑、假释裁定自动失效。

第三十三条　罪犯被裁定减刑后，刑罚执行期间因故意犯罪而数罪并罚时，经减刑裁定减去的刑期不计入已经执行的刑期。原判死刑缓期执行减为无期徒刑、有期徒刑，或者无期徒刑减为有期徒刑的裁定继续有效。

第三十四条　罪犯被裁定减刑后，刑罚执行期间因发现漏罪而数罪并罚的，原减刑裁定自动失效。如漏罪系罪犯主动交代的，对其原减去的刑期，由执行机关报请有管辖权的人民法院重新作出减刑裁定，予以确认；如漏罪系有关机关发现或者他人检举揭发的，由执行机关报请有管辖权的人民法院，在原减刑裁定减去的刑期总和之内，酌情重新裁定。

第三十五条　被判处死刑缓期执行的罪犯，在死刑缓期执行期内被发现漏罪，依据刑法第七十条规定数罪并罚，决定执行死刑缓期执行的，死刑缓期执行期间自新判决确定之日起计算，已经执行的死刑缓期执行期间计入新判决的死刑缓期执行期间内，但漏罪被判处死刑缓期执行的除外。

第三十六条　被判处死刑缓期执行的罪犯，在死刑缓期执行期满后被发现漏罪，依据刑法第七十条规定数罪并罚，决定执行死刑缓期执行的，交付执行时对罪犯实际执行无期徒刑，死缓考验期不再执行，但漏罪被判处死刑缓期执行的除外。

在无期徒刑减为有期徒刑时，前罪死刑缓期执行减为无期徒刑之日起至新判决生效之日止已经实际执行的刑期,应当计算在减刑裁定决定执行的刑期以内。

原减刑裁定减去的刑期依照本规定第三十四条处理。

第三十七条 被判处无期徒刑的罪犯在减为有期徒刑后因发现漏罪,依据刑法第七十条规定数罪并罚,决定执行无期徒刑的,前罪无期徒刑生效之日起至新判决生效之日止已经实际执行的刑期,应当在新判决的无期徒刑减为有期徒刑时,在减刑裁定决定执行的刑期内扣减。

无期徒刑罪犯减为有期徒刑后因发现漏罪判处三年有期徒刑以下刑罚,数罪并罚决定执行无期徒刑的,在新判决生效后执行一年以上,符合减刑条件的,可以减为有期徒刑,减刑幅度依照本规定第八条、第九条的规定执行。

原减刑裁定减去的刑期依照本规定第三十四条处理。

第三十八条 人民法院作出的刑事判决、裁定发生法律效力后,在依照刑事诉讼法第二百五十三条、第二百五十四条的规定将罪犯交付执行刑罚时,如果生效裁判中有财产性判项,人民法院应当将反映财产性判项执行、履行情况的有关材料一并随案移送刑罚执行机关。罪犯在服刑期间本人履行或者其亲属代为履行生效裁判中财产性判项的,应当及时向刑罚执行机关报告。刑罚执行机关报请减刑时应随案移送以上材料。

人民法院办理减刑、假释案件时,可以向原一审人民法院核实罪犯履行财产性判项的情况。原一审人民法院应当出具相关证明。

刑罚执行期间,负责办理减刑、假释案件的人民法院可以协助原一审人民法院执行生效裁判中的财产性判项。

第三十九条 本规定所称"老年罪犯",是指报请减刑、假释时年满六十五周岁的罪犯。

本规定所称"患严重疾病罪犯",是指因患有重病,久治不愈,而不能正常生活、学习、劳动的罪犯。

本规定所称"身体残疾罪犯",是指因身体有肢体或者器官残缺、功能不全或者丧失功能,而基本丧失生活、学习、劳动能力的罪犯,但是罪犯犯罪后自伤致残的除外。

对刑罚执行机关提供的证明罪犯患有严重疾病或者有身体残疾的证明文件，人民法院应当审查，必要时可以委托有关单位重新诊断、鉴定。

第四十条 本规定所称"判决执行之日"，是指罪犯实际送交刑罚执行机关之日。

本规定所称"减刑间隔时间"，是指前一次减刑裁定送达之日起至本次减刑报请之日止的期间。

第四十一条 本规定所称"财产性判项"是指判决罪犯承担的附带民事赔偿义务判项，以及追缴、责令退赔、罚金、没收财产等判项。

第四十二条 本规定自2017年1月1日起施行。以前发布的司法解释与本规定不一致的，以本规定为准。

10.《最高人民法院关于减刑、假释案件审理程序的规定》（2014年4月23日）

为进一步规范减刑、假释案件的审理程序，确保减刑、假释案件审理的合法、公正，根据《中华人民共和国刑法》《中华人民共和国刑事诉讼法》有关规定，结合减刑、假释案件审理工作实际，制定本规定。

第一条 对减刑、假释案件，应当按照下列情形分别处理：

（一）对被判处死刑缓期执行的罪犯的减刑，由罪犯服刑地的高级人民法院在收到同级监狱管理机关审核同意的减刑建议书后一个月内作出裁定；

（二）对被判处无期徒刑的罪犯的减刑、假释，由罪犯服刑地的高级人民法院在收到同级监狱管理机关审核同意的减刑、假释建议书后一个月内作出裁定，案情复杂或者情况特殊的，可以延长一个月；

（三）对被判处有期徒刑和被减为有期徒刑的罪犯的减刑、假释，由罪犯服刑地的中级人民法院在收到执行机关提出的减刑、假释建议书后一个月内作出裁定，案情复杂或者情况特殊的，可以延长一个月；

（四）对被判处拘役、管制的罪犯的减刑，由罪犯服刑地中级人民法院在收到同级执行机关审核同意的减刑、假释建议书后一个月内作出裁定。

对暂予监外执行罪犯的减刑，应当根据情况，分别适用前款的有关规定。

第二条 人民法院受理减刑、假释案件，应当审查执行机关移送的下列材料：

（一）减刑或者假释建议书；

（二）终审法院裁判文书、执行通知书、历次减刑裁定书的复印件；

（三）罪犯确有悔改或者立功、重大立功表现的具体事实的书面证明材料；

（四）罪犯评审鉴定表、奖惩审批表等；

（五）其他根据案件审理需要应予移送的材料。

报请假释的，应当附有社区矫正机构或者基层组织关于罪犯假释后对所居住社区影响的调查评估报告。

人民检察院对报请减刑、假释案件提出检察意见的，执行机关应当一并移送受理减刑、假释案件的人民法院。

经审查，材料齐备的，应当立案；材料不齐的，应当通知执行机关在三日内补送，逾期未补送的，不予立案。

第三条 人民法院审理减刑、假释案件，应当在立案后五日内将执行机关报请减刑、假释的建议书等材料依法向社会公示。

公示内容应当包括罪犯的个人情况、原判认定的罪名和刑期、罪犯历次减刑情况、执行机关的建议及依据。

公示应当写明公示期限和提出意见的方式。公示期限为五日。

第四条 人民法院审理减刑、假释案件，应当依法由审判员或者由审判员和人民陪审员组成合议庭进行。

第五条 人民法院审理减刑、假释案件，除应当审查罪犯在执行期间的一贯表现外，还应当综合考虑犯罪的具体情节、原判刑罚情况、财产刑执行情况、附带民事裁判履行情况、罪犯退赃退赔等情况。

人民法院审理假释案件，除应当审查第一款所列情形外，还应当综合考虑罪犯的年龄、身体状况、性格特征、假释后生活来源以及监管条件等影响再犯罪的因素。

执行机关以罪犯有立功表现或重大立功表现为由提出减刑的，应当审查立功或重大立功表现是否属实。涉及发明创造、技术革新或者其他贡献的，应当审查该成果是否系罪犯在执行期间独立完成，并经有关主管机关确认。

第六条 人民法院审理减刑、假释案件，可以采取开庭审理或者书面审理的方式。但下列减刑、假释案件，应当开庭审理：

（一）因罪犯有重大立功表现报请减刑的；

（二）报请减刑的起始时间、间隔时间或者减刑幅度不符合司法解释一般规定的；

（三）公示期间收到不同意见的；

（四）人民检察院有异议的；

（五）被报请减刑、假释罪犯系职务犯罪罪犯，组织（领导、参加、包庇、纵容）黑社会性质组织犯罪罪犯，破坏金融管理秩序和金融诈骗犯罪罪犯及其他在社会上有重大影响或社会关注度高的；

（六）人民法院认为其他应当开庭审理的。

第七条 人民法院开庭审理减刑、假释案件，应当通知人民检察院、执行机关及被报请减刑、假释罪犯参加庭审。

人民法院根据需要，可以通知证明罪犯确有悔改表现或者立功、重大立功表现的证人，公示期间提出不同意见的人，以及鉴定人、翻译人员等其他人员参加庭审。

第八条 开庭审理应当在罪犯刑罚执行场所或者人民法院确定的场所进行。有条件的人民法院可以采取视频开庭的方式进行。

在社区执行刑罚的罪犯因重大立功被报请减刑的，可以在罪犯服刑地或者居住地开庭审理。

第九条 人民法院对于决定开庭审理的减刑、假释案件，应当在开庭三日前将开庭的时间、地点通知人民检察院、执行机关、被报请减刑、假释罪犯和有必要参加庭审的其他人员，并于开庭三日前进行公告。

第十条 减刑、假释案件的开庭审理由审判长主持，应当按照以下程序进行：

（一）审判长宣布开庭，核实被报请减刑、假释罪犯的基本情况；

（二）审判长宣布合议庭组成人员、检察人员、执行机关代表及其他庭审参加人；

（三）执行机关代表宣读减刑、假释建议书，并说明主要理由；

（四）检察人员发表检察意见；

（五）法庭对被报请减刑、假释罪犯确有悔改表现或立功表现、重大立功表现的事实以及其他影响减刑、假释的情况进行调查核实；

（六）被报请减刑、假释罪犯作最后陈述；

（七）审判长对庭审情况进行总结并宣布休庭评议。

第十一条 庭审过程中，合议庭人员对报请理由有疑问的，可以向被报请减刑、假释罪犯、证人、执行机关代表、检察人员提问。

庭审过程中，检察人员对报请理由有疑问的，在经审判长许可后，可以出示证据，申请证人到庭，向被报请减刑、假释罪犯及证人提问并发表意见。被报请减刑、假释罪犯对报请理由有疑问的，在经审判长许可后，可以出示证据，申请证人到庭，向证人提问并发表意见。

第十二条 庭审过程中，合议庭对证据有疑问需要进行调查核实，或者检察人员、执行机关代表提出申请的，可以宣布休庭。

第十三条 人民法院开庭审理减刑、假释案件，能够当庭宣判的应当当庭宣判；不能当庭宣判的，可以择期宣判。

第十四条 人民法院书面审理减刑、假释案件，可以就被报请减刑、假释罪犯是否符合减刑、假释条件进行调查核实或听取有关方面意见。

第十五条 人民法院书面审理减刑案件，可以提讯被报请减刑罪犯；书面审理假释案件，应当提讯被报请假释罪犯。

第十六条 人民法院审理减刑、假释案件，应当按照下列情形分别处理：

（一）被报请减刑、假释罪犯符合法律规定的减刑、假释条件的，作出予以减刑、假释的裁定；

（二）被报请减刑的罪犯符合法律规定的减刑条件，但执行机关报请的减刑幅度不适当的，对减刑幅度作出相应调整后作出予以减刑的裁定；

（三）被报请减刑、假释罪犯不符合法律规定的减刑、假释条件的，作出不予减刑、假释的裁定。

在人民法院作出减刑、假释裁定前，执行机关书面申请撤回减刑、假释建议的，是否准许，由人民法院决定。

第十七条　减刑、假释裁定书应当写明罪犯原判和历次减刑情况，确有悔改表现或者立功、重大立功表现的事实和理由，以及减刑、假释的法律依据。

裁定减刑的，应当注明刑期的起止时间；裁定假释的，应当注明假释考验期的起止时间。

裁定调整减刑幅度或者不予减刑、假释的，应当在裁定书中说明理由。

第十八条　人民法院作出减刑、假释裁定后，应当在七日内送达报请减刑、假释的执行机关、同级人民检察院以及罪犯本人。作出假释裁定的，还应当送达社区矫正机构或者基层组织。

第十九条　减刑、假释裁定书应当通过互联网依法向社会公布。

第二十条　人民检察院认为人民法院减刑、假释裁定不当，在法定期限内提出书面纠正意见的，人民法院应当在收到纠正意见后另行组成合议庭审理，并在一个月内作出裁定。

第二十一条　人民法院发现本院已经生效的减刑、假释裁定确有错误的，应当依法重新组成合议庭进行审理并作出裁定；上级人民法院发现下级人民法院已经生效的减刑、假释裁定确有错误的，应当指令下级人民法院另行组成合议庭审理，也可以自行依法组成合议庭进行审理并作出裁定。

第二十二条　最高人民法院以前发布的司法解释和规范性文件，与本规定不一致的，以本规定为准。

11.《最高人民法院、最高人民检察院关于办理商业贿赂刑事案件适用法律若干问题的意见》（2008年11月20日）

七、商业贿赂中的财物，既包括金钱和实物，也包括可以用金钱计算数额的财产性利益，如提供房屋装修、含有金额的会员卡、代币卡（券）、旅游费用等。具体数额以实际支付的资费为准。

八、收受银行卡的，不论受贿人是否实际取出或者消费，卡内的存款数额一般应全额认定为受贿数额。使用银行卡透支的，如果由给予银行卡的一方承担还款责任，透支数额也应当认定为受贿数额。

九、在行贿犯罪中，"谋取不正当利益"，是指行贿人谋取违反法律、法规、规章或者政策规定的利益，或者要求对方违反法律、法规、规章、政策、行业规范的规定提供帮助或者方便条件。

在招标投标、政府采购等商业活动中，违背公平原则，给予相关人员财物以谋取竞争优势的，属于"谋取不正当利益"。

十、办理商业贿赂犯罪案件，要注意区分贿赂与馈赠的界限。主要应当结合以下因素全面分析、综合判断：

（1）发生财物往来的背景，如双方是否存在亲友关系及历史上交往的情形和程度；

（2）往来财物的价值；

（3）财物往来的缘由、时机和方式，提供财物方对于接受方有无职务上的请托；

（4）接受方是否利用职务上的便利为提供方谋取利益。

十一、非国家工作人员与国家工作人员通谋，共同收受他人财物，构成共同犯罪的，根据双方利用职务便利的具体情形分别定罪追究刑事责任：

（1）利用国家工作人员的职务便利为他人谋取利益的，以受贿罪追究刑事责任。

（2）利用非国家工作人员的职务便利为他人谋取利益的，以非国家工作人员受贿罪追究刑事责任。

（3）分别利用各自的职务便利为他人谋取利益的，按照主犯的犯罪性质追究刑事责任，不能分清主从犯的，可以受贿罪追究刑事责任。

12. 《最高人民法院、最高人民检察院关于办理国家出资企业中职务犯罪案件具体应用法律若干问题的意见》（2010年11月26日）

随着企业改制的不断推进，人民法院、人民检察院在办理国家出资企业中的贪污、受贿等职务犯罪案件时遇到了一些新情况、新问题。这些新情况、新问题具有一定的特殊性和复杂性，需要结合企业改制的特定历史条件，依法妥善地进行处理。现根据刑法规定和相关政策精神，就办理此类刑事案件具体应用法律的若干问题，提出以下意见：

一、关于国家出资企业工作人员在改制过程中隐匿公司、企业财产归

个人持股的改制后公司、企业所有的行为的处理

国家工作人员或者受国家机关、国有公司、企业、事业单位、人民团体委托管理、经营国有财产的人员利用职务上的便利，在国家出资企业改制过程中故意通过低估资产、隐瞒债权、虚设债务、虚构产权交易等方式隐匿公司、企业财产，转为本人持有股份的改制后公司、企业所有，应当依法追究刑事责任的，依照刑法第三百八十二条、第三百八十三条的规定，以贪污罪定罪处罚。贪污数额一般应当以所隐匿财产全额计算；改制后公司、企业仍有国有股份的，按股份比例扣除归于国有的部分。

所隐匿财产在改制过程中已为行为人实际控制，或者国家出资企业改制已经完成的，以犯罪既遂处理。

第一款规定以外的人员实施该款行为的，依照刑法第二百七十一条的规定，以职务侵占罪定罪处罚；第一款规定以外的人员与第一款规定的人员共同实施该款行为的，以贪污罪的共犯论处。

在企业改制过程中未采取低估资产、隐瞒债权、虚设债务、虚构产权交易等方式故意隐匿公司、企业财产的，一般不应当认定为贪污；造成国有资产重大损失，依法构成刑法第一百六十八条或者第一百六十九条规定的犯罪的，依照该规定定罪处罚。

二、关于国有公司、企业在改制过程中隐匿公司、企业财产归职工集体持股的改制后公司、企业所有的行为的处理

国有公司、企业违反国家规定，在改制过程中隐匿公司、企业财产，转为职工集体持股的改制后公司、企业所有的，对其直接负责的主管人员和其他直接责任人员，依照刑法第三百九十六条第一款的规定，以私分国有资产罪定罪处罚。

改制后的公司、企业中只有改制前公司、企业的管理人员或者少数职工持股，改制前公司、企业的多数职工未持股的，依照本意见第一条的规定，以贪污罪定罪处罚。

……

五、关于改制前后主体身份发生变化的犯罪的处理

国家工作人员在国家出资企业改制前利用职务上的便利实施犯罪，在

其不再具有国家工作人员身份后又实施同种行为，依法构成不同犯罪的，应当分别定罪，实行数罪并罚。

国家工作人员利用职务上的便利，在国家出资企业改制过程中隐匿公司、企业财产，在其不再具有国家工作人员身份后将所隐匿财产据为己有的，依照刑法第三百八十二条、第三百八十三条的规定，以贪污罪定罪处罚。

国家工作人员在国家出资企业改制过程中利用职务上的便利为请托人谋取利益，事先约定在其不再具有国家工作人员身份后收受请托人财物，或者在身份变化前后连续收受请托人财物的，依照刑法第三百八十五条、第三百八十六条的规定，以受贿罪定罪处罚。

六、关于国家出资企业中国家工作人员的认定

经国家机关、国有公司、企业、事业单位提名、推荐、任命、批准等，在国有控股、参股公司及其分支机构中从事公务的人员，应当认定为国家工作人员。具体的任命机构和程序，不影响国家工作人员的认定。

经国家出资企业中负有管理、监督国有资产职责的组织批准或者研究决定，代表其在国有控股、参股公司及其分支机构中从事组织、领导、监督、经营、管理工作的人员，应当认定为国家工作人员。

国家出资企业中的国家工作人员，在国家出资企业中持有个人股份或者同时接受非国有股东委托的，不影响其国家工作人员身份的认定。

七、关于国家出资企业的界定

本意见所称"国家出资企业"，包括国家出资的国有独资公司、国有独资企业，以及国有资本控股公司、国有资本参股公司。

是否属于国家出资企业不清楚的，应遵循"谁投资、谁拥有产权"的原则进行界定。企业注册登记中的资金来源与实际出资不符的，应根据实际出资情况确定企业的性质。企业实际出资情况不清楚的，可以综合工商注册、分配形式、经营管理等因素确定企业的性质。

八、关于宽严相济刑事政策的具体贯彻

办理国家出资企业中的职务犯罪案件时，要综合考虑历史条件、企业发展、职工就业、社会稳定等因素，注意具体情况具体分析，严格把握犯罪与一般违规行为的区分界限。对于主观恶意明显、社会危害严重、群众

反映强烈的严重犯罪,要坚决依法从严惩处;对于特定历史条件下、为了顺利完成企业改制而实施的违反国家政策法律规定的行为,行为人无主观恶意或者主观恶意不明显,情节较轻,危害不大的,可以不作为犯罪处理。

对于国家出资企业中的职务犯罪,要加大经济上的惩罚力度,充分重视财产刑的适用和执行,最大限度地挽回国家和人民利益遭受的损失。不能退赃的,在决定刑罚时,应当作为重要情节予以考虑。

13.《全国法院审理经济犯罪案件工作座谈会纪要》(2003年11月13日)

一、关于贪污贿赂犯罪和渎职犯罪的主体

(一) 国家机关工作人员的认定

刑法中所称的国家机关工作人员,是指在国家机关中从事公务的人员,包括在各级国家权力机关、行政机关、司法机关和军事机关中从事公务的人员。

根据有关立法解释的规定,在依照法律、法规规定行使国家行政管理职权的组织中从事公务的人员,或者在受国家机关委托代表国家行使职权的组织中从事公务的人员,或者虽未列入国家机关人员编制但在国家机关中从事公务的人员,视为国家机关工作人员。在乡(镇)以上中国共产党机关、人民政协机关中从事公务的人员,司法实践中也应当视为国家机关工作人员。

(二) 国家机关、国有公司、企业、事业单位委派到非国有公司、企业、事业单位、社会团体从事公务的人员的认定

所谓委派,即委任、派遣,其形式多种多样,如任命、指派、提名、批准等。不论被委派的人身份如何,只要是接受国家机关、国有公司、企业、事业单位委派,代表国家机关、国有公司、企业、事业单位在非国有公司、企业、事业单位、社会团体中从事组织、领导、监督、管理等工作,都可以认定为国家机关、国有公司、企业、事业单位委派到非国有公司、企业、事业单位、社会团体从事公务的人员。如国家机关、国有公司、企业、事业单位委派在国有控股或者参股的股份有限公司从事组织、领导、监督、管理等工作的人员,应当以国家工作人员论。国有公司、企

业改制为股份有限公司后,原国有公司、企业的工作人员和股份有限公司新任命的人员中,除代表国有投资主体行使监督、管理职权的人外,不以国家工作人员论。

(三)"其他依照法律从事公务的人员"的认定

刑法第九十三条第二款规定的"其他依照法律从事公务的人员"应当具有两个特征:一是在特定条件下行使国家管理职能;二是依照法律规定从事公务。具体包括:

(1)依法履行职责的各级人民代表大会代表;

(2)依法履行审判职责的人民陪审员;

(3)协助乡镇人民政府、街道办事处从事行政管理工作的村民委员会、居民委员会等农村和城市基层组织人员;

(4)其他由法律授权从事公务的人员。

(四)关于"从事公务"的理解

从事公务,是指代表国家机关、国有公司、企业、事业单位、人民团体等履行组织、领导、监督、管理等职责。公务主要表现为与职权相联系的公共事务以及监督、管理国有财产的职务活动。如国家机关工作人员依法履行职责,国有公司的董事、经理、监事、会计、出纳人员等管理、监督国有财产等活动,属于从事公务。那些不具备职权内容的劳务活动、技术服务工作,如售货员、售票员等所从事的工作,一般不认为是公务。

二、关于贪污罪

(一)贪污罪既遂与未遂的认定

贪污罪是一种以非法占有为目的的财产性职务犯罪,与盗窃、诈骗、抢夺等侵犯财产罪一样,应当以行为人是否实际控制财物作为区分贪污罪既遂与未遂的标准。对于行为人利用职务上的便利,实施了虚假平账等贪污行为,但公共财物尚未实际转移,或者尚未被行为人控制就被查获的,应当认定为贪污未遂。行为人控制公共财物后,是否将财物据为己有,不影响贪污既遂的认定。

(二)"受委托管理、经营国有财产"的认定

刑法第三百八十二条第二款规定的"受委托管理、经营国有财产",

是指因承包、租赁、临时聘用等管理、经营国有财产。

（三）国家工作人员与非国家工作人员勾结共同非法占有单位财物行为的认定

对于国家工作人员与他人勾结，共同非法占有单位财物的行为，应当按照《最高人民法院关于审理贪污、职务侵占案件如何认定共同犯罪几个问题的解释》的规定定罪处罚。对于在公司、企业或者其他单位中，非国家工作人员与国家工作人员勾结，分别利用各自的职务便利，共同将本单位财物非法占有的，应当尽量区分主从犯，按照主犯的犯罪性质定罪。司法实践中，如果根据案件的实际情况，各共同犯罪人在共同犯罪中的地位、作用相当，难以区分主从犯的，可以贪污罪定罪处罚。

（四）共同贪污犯罪中"个人贪污数额"的认定

刑法第三百八十三条第一款规定的"个人贪污数额"，在共同贪污犯罪案件中应理解为个人所参与或者组织、指挥共同贪污的数额，不能只按个人实际分得的赃款数额来认定。对共同贪污犯罪中的从犯，应当按照其所参与的共同贪污的数额确定量刑幅度，并依照刑法第二十七条第二款的规定，从轻、减轻处罚或者免除处罚。

14.《最高人民法院、最高人民检察院关于办理职务犯罪案件严格适用缓刑、免予刑事处罚若干问题的意见》（2012年8月8日）

为进一步规范贪污贿赂、渎职等职务犯罪案件缓刑、免予刑事处罚的适用，确保办理职务犯罪案件的法律效果和社会效果，根据刑法有关规定并结合司法工作实际，就职务犯罪案件缓刑、免予刑事处罚的具体适用问题，提出以下意见：

一、严格掌握职务犯罪案件缓刑、免予刑事处罚的适用。职务犯罪案件的刑罚适用直接关系反腐败工作的实际效果。人民法院、人民检察院要深刻认识职务犯罪的严重社会危害性，正确贯彻宽严相济刑事政策，充分发挥刑罚的惩治和预防功能。要在全面把握犯罪事实和量刑情节的基础上严格依照刑法规定的条件适用缓刑、免予刑事处罚，既要考虑从宽情节，又要考虑从严情节；既要做到刑罚与犯罪相当，又要做到刑罚执行方式与犯罪相当，切实避免缓刑、免予刑事处罚不当适用造成的消极影响。

二、具有下列情形之一的职务犯罪分子，一般不适用缓刑或者免予刑事处罚：

（一）不如实供述罪行的；

（二）不予退缴赃款赃物或者将赃款赃物用于非法活动的；

（三）属于共同犯罪中情节严重的主犯的；

（四）犯有数个职务犯罪依法实行并罚或者以一罪处理的；

（五）曾因职务违纪违法行为受过行政处分的；

（六）犯罪涉及的财物属于救灾、抢险、防汛、优抚、扶贫、移民、救济、防疫等特定款物的；

（七）受贿犯罪中具有索贿情节的；

（八）渎职犯罪中徇私舞弊情节或者滥用职权情节恶劣的；

（九）其他不应适用缓刑、免予刑事处罚的情形。

三、不具有本意见第二条规定的情形，全部退缴赃款赃物，依法判处三年有期徒刑以下刑罚，符合刑法规定的缓刑适用条件的贪污、受贿犯罪分子，可以适用缓刑；符合刑法第三百八十三条第一款第（三）项的规定，依法不需要判处刑罚的，可以免予刑事处罚。

不具有本意见第二条所列情形，挪用公款进行营利活动或者超过三个月未还构成犯罪，一审宣判前已将公款归还，依法判处三年有期徒刑以下刑罚，符合刑法规定的缓刑适用条件的，可以适用缓刑；在案发前已归还，情节轻微，不需要判处刑罚的，可以免予刑事处罚。

四、人民法院审理职务犯罪案件时应当注意听取检察机关、被告人、辩护人提出的量刑意见，分析影响性案件案发前后的社会反映，必要时可以征求案件查办等机关的意见。对于情节恶劣、社会反映强烈的职务犯罪案件，不得适用缓刑、免予刑事处罚。

五、对于具有本意见第二条规定的情形之一，但根据全案事实和量刑情节，检察机关认为确有必要适用缓刑或者免予刑事处罚并据此提出量刑建议的，应经检察委员会讨论决定；审理法院认为确有必要适用缓刑或者免予刑事处罚的，应经审判委员会讨论决定。

典型案例

1. 金某某受贿案[①]

◎ **关键词**

职务犯罪　认罪认罚　确定刑量刑建议

◎ **要旨**

对于犯罪嫌疑人自愿认罪认罚的职务犯罪案件，应当依法适用认罪认罚从宽制度办理。在适用认罪认罚从宽制度办理职务犯罪案件过程中，检察机关应切实履行主导责任，与监察机关、审判机关互相配合，互相制约，充分保障犯罪嫌疑人、被告人的程序选择权。要坚持罪刑法定和罪责刑相适应原则，对符合有关规定条件的，一般应当就主刑、附加刑、是否适用缓刑等提出确定刑量刑建议。

◎ **基本案情**

被告人金某某，女，安徽省某医院原党委书记、院长。

2007年至2018年，被告人金某某在担任安徽省某医院党委书记、院长期间，利用职务上的便利，为请托人在承建工程项目、销售医疗设备、销售药品、支付货款、结算工程款、职务晋升等事项上提供帮助，非法收受他人财物共计人民币1161.1万元、4000欧元。

◎ **检察工作情况**

（一）提前介入全面掌握案情，充分了解被调查人的认罪悔罪情况。安徽省检察机关在提前介入金某某案件过程中，通过对安徽省监察委员会调查的证据材料进行初步审查，认为金某某涉嫌受贿犯罪的基本事实清楚，基本证据确实充分。同时注意到，金某某到案后，不但如实交代了监察机关已经掌握的受贿170余万元的犯罪事实，还主动交代了监察机关尚未掌握的受贿980余万元的犯罪事实，真诚认罪悔罪，表示愿意接受处罚，并已积极退缴全部赃款。初步判定本案具备适用认罪认罚从宽制度条件。

（二）检察长直接承办，积极推动认罪认罚从宽制度适用。安徽省监

[①] 最高人民检察院检例第75号。

察委员会调查终结后，于 2019 年 1 月 16 日以金某某涉嫌受贿罪移送安徽省人民检察院起诉，安徽省人民检察院于同月 29 日将案件交由淮北市人民检察院审查起诉，淮北市人民检察院检察长作为承办人办案。经全面审查认定，金某某受贿案数额特别巨大，在安徽省医疗卫生系统有重大影响，但其自愿如实供述自己的罪行，真诚悔罪，愿意接受处罚，全部退赃，符合刑事诉讼法规定的认罪认罚从宽制度适用条件，检察机关经慎重研究，依法决定适用认罪认罚从宽制度办理。

（三）严格依法确保认罪认罚的真实性、自愿性、合法性。一是及时告知权利。案件移送起诉后，淮北市人民检察院在第一次讯问时，告知金某某享有的诉讼权利和认罪认罚相关法律规定，加强释法说理，充分保障其程序选择权和认罪认罚的真实性、自愿性。二是充分听取意见。切实保障金某某辩护律师的阅卷权、会见权，就金某某涉嫌的犯罪事实、罪名及适用的法律规定，从轻处罚建议，认罪认罚后案件审理适用的程序等，充分听取金某某及其辩护律师的意见，记录在案并附卷。三是提出确定刑量刑建议。金某某虽然犯罪持续时间长、犯罪数额特别巨大，但其自监委调查阶段即自愿如实供述自己的罪行，尤其是主动交代了监察机关尚未掌握的大部分犯罪事实，具有法定从轻处罚的坦白情节；且真诚悔罪，认罪彻底稳定，全部退赃，自愿表示认罪认罚，应当在法定刑幅度内相应从宽，检察机关综合上述情况，提出确定刑量刑建议。四是签署具结书。金某某及其辩护律师同意检察机关量刑建议，并同意适用普通程序简化审理，在辩护律师见证下，金某某自愿签署了《认罪认罚具结书》。

2019 年 3 月 13 日，淮北市人民检察院以被告人金某某犯受贿罪，向淮北市中级人民法院提起公诉，建议判处金某某有期徒刑十年，并处罚金人民币五十万元，并建议适用普通程序简化审理。2019 年 4 月 10 日，淮北市中级人民法院公开开庭，适用普通程序简化审理本案。经过庭审，认定起诉书指控被告人金某某犯受贿罪事实清楚、证据确实充分，采纳淮北市人民检察院提出的量刑建议并当庭宣判，金某某当庭表示服判不上诉。

◎ 指导意义

（一）对于犯罪嫌疑人自愿认罪认罚的职务犯罪案件，检察机关应当依法适用认罪认罚从宽制度办理。依据刑事诉讼法第十五条规定，认罪认罚从宽制度贯穿刑事诉讼全过程，没有适用罪名和可能判处刑罚的限定，所有刑事案件都可以适用。职务犯罪案件适用认罪认罚从宽制度，符合宽严相济刑事政策，有利于最大限度实现办理职务犯罪案件效果，有利于推进反腐败工作。职务犯罪案件的犯罪嫌疑人自愿如实供述自己的罪行，真诚悔罪，愿意接受处罚，检察机关应当依法适用认罪认罚从宽制度办理。

（二）适用认罪认罚从宽制度办理职务犯罪案件，检察机关应切实履行主导责任。检察机关通过提前介入监察机关办理职务犯罪案件工作，即可根据案件事实、证据、性质、情节、被调查人态度等基本情况，初步判定能否适用认罪认罚从宽制度。案件移送起诉后，人民检察院应当及时告知犯罪嫌疑人享有的诉讼权利和认罪认罚从宽制度相关法律规定，保障犯罪嫌疑人的程序选择权。犯罪嫌疑人自愿认罪认罚的，人民检察院应当就涉嫌的犯罪事实、罪名及适用的法律规定，从轻、减轻或者免除处罚等从宽处罚的建议，认罪认罚后案件审理适用的程序及其他需要听取意见的情形，听取犯罪嫌疑人、辩护人或者值班律师的意见并记录在案，同时加强与监察机关、审判机关的沟通，听取意见。

（三）依法提出量刑建议，提升职务犯罪案件适用认罪认罚从宽制度效果。检察机关办理认罪认罚职务犯罪案件，应当根据犯罪的事实、性质、情节和对社会的危害程度，结合法定、酌定的量刑情节，综合考虑认罪认罚的具体情况，依法决定是否从宽、如何从宽。对符合有关规定条件的，一般应当就主刑、附加刑、是否适用缓刑等提出确定刑量刑建议。对于减轻、免除处罚，应当于法有据；不具备减轻处罚情节的，应当在法定幅度以内提出从轻处罚的量刑建议。

◎ **相关规定**

《中华人民共和国刑法》第六十七条第三款，第三百八十三条第一款第三项、第二款、第三款，第三百八十五条第一款，第三百八十六条

《中华人民共和国刑事诉讼法》第十五条，第一百七十三条，第一百七十四条第一款，第一百七十六条，第二百零一条

《最高人民法院、最高人民检察院关于办理职务犯罪案件认定自首、立功等量刑情节若干问题的意见》第三部分

2. 张某受贿，郭某行贿、职务侵占、诈骗案①

◎ **关键词**

受贿罪　改变提前介入意见　案件管辖　追诉漏罪

◎ **要旨**

检察机关提前介入应认真审查案件事实和证据，准确把握案件定性，依法提出提前介入意见。检察机关在审查起诉阶段仍应严格审查，提出审查起诉意见。审查起诉意见改变提前介入意见的，应及时与监察机关沟通。对于在审查起诉阶段发现漏罪，如该罪属于公安机关管辖，但犯罪事实清楚，证据确实充分，符合起诉条件的，检察机关在征得相关机关同意后，可以直接追加起诉。

◎ **基本案情**

被告人张某，男，北京市东城区某街道办事处环卫所原副所长。

被告人郭某，女，北京某物业公司原客服部经理。

2014年11月，甲小区和乙小区被北京市东城区某街道办事处确定为环卫项目示范推广单位。按照规定，两小区应选聘19名指导员从事宣传、指导、监督、服务等工作，政府部门按每名指导员每月600元标准予以补贴。上述两小区由北京某物业公司负责物业管理，两小区19名指导员补贴款由该物业公司负责领取发放。2014年11月至2017年3月，郭某在担任该物业公司客服部经理期间，将代表物业公司领取的指导员补贴款共计人民币33.06万元据为己有。郭某从物业公司离职后，仍以物业公司客服部经理名义，于2017年6月、9月，冒领指导员补贴款共计人民币6.84万元据为己有。2014年11月至2017年9月期间，张某接受郭某请托，利用担任某街道办事处环卫所职员、副所长的职务便利，不严格监督检查上述补贴款发放，非法收受郭某给予的人民币8.85万元。2018年1月，张

---

① 最高人民检察院检例第76号。

某担心事情败露，与郭某共同筹集人民币35万元退还给物业公司。2018年2月28日，张某、郭某自行到北京市东城区监察委员会接受调查，并如实供述全部犯罪事实。

◎ 检察工作情况

（一）提前介入准确分析案件定性，就法律适用及证据完善提出意见。调查阶段，东城区监委对张某、郭某构成贪污罪共犯还是行受贿犯罪存在意见分歧，书面商请东城区人民检察院提前介入。主张认定二人构成贪污罪共犯的主要理由：一是犯罪对象上，郭某侵占并送给张某的资金性质为国家财政拨款，系公款；二是主观认识上，二人对截留的补贴款系公款的性质明知，并对截留补贴款达成一定共识；三是客观行为上，二人系共同截留补贴款进行分配。

检察机关分析在案证据后认为，应认定二人构成行受贿犯罪，主要理由：一是主观上没有共同贪污故意。二人从未就补贴款的处理使用有过明确沟通，郭某给张某送钱，就是为了让张某放松监管，张某怠于履行监管职责，就是因为收受了郭某所送贿赂，而非自己要占有补贴款。二是客观上没有共同贪污行为。张某收受郭某给予的钱款后怠于履行监管职责，正是利用职务之便为郭某谋取利益的行为，但对于郭某侵占补贴款，在案证据不能证实张某主观上有明确认识，郭某也从未想过与张某共同瓜分补贴款。三是款项性质对受贿罪认定没有影响。由于二人缺乏共同贪占补贴款的故意和行为，不应构成贪污罪共犯，而应分别构成行贿罪和受贿罪，并应针对主客观方面再补强相关证据。检察机关将法律适用和补充完善证据的意见书面反馈给东城区监委。东城区监委采纳了检察机关的提前介入意见，补充证据后，以张某涉嫌受贿罪、郭某涉嫌行贿罪，于2018年11月12日将两案移送起诉。

（二）审查起诉阶段不囿于提前介入意见，依法全面审查证据，及时发现漏罪。案件移送起诉后，检察机关全面严格审查在案证据，认为郭某领取和侵吞补贴款的行为分为两个阶段：第一阶段，郭某作为上述物业公司客服部经理，利用领取补贴款的职务便利，领取并将补贴款非法占为己有，其行为构成职务侵占罪；第二阶段，郭某从物业公司客服部经理岗位离职后，仍冒用客服部经理的身份领取补贴款并非法占为己有,其行为构成诈骗罪。

(三) 提起公诉直接追加指控罪名,法院判决予以确认。检察机关在对郭某行贿案审查起诉时发现,郭某侵吞补贴款的行为构成职务侵占罪和诈骗罪,且犯罪事实清楚,证据确实充分,已符合起诉条件。经与相关机关沟通后,检察机关在起诉时追加认定郭某构成职务侵占罪、诈骗罪。

2018年12月28日,北京市东城区人民检察院对张某以受贿罪提起公诉;对郭某以行贿罪、职务侵占罪、诈骗罪提起公诉。2019年1月17日,北京市东城区人民法院作出一审判决,以受贿罪判处张某有期徒刑八个月,缓刑一年,并处罚金人民币十万元;以行贿罪、职务侵占罪、诈骗罪判处郭某有期徒刑二年,缓刑三年,并处罚金人民币十万一千元。

◎ 指导意义

(一) 检察机关依法全面审查监察机关移送起诉案件,审查起诉意见与提前介入意见不一致的,应当及时与监察机关沟通。检察机关提前介入监察机关办理的职务犯罪案件时,已对证据收集、事实认定、案件定性、法律适用等提出意见。案件进入审查起诉阶段后,检察机关仍应依法全面审查,可以改变提前介入意见。审查起诉意见改变提前介入意见的,检察机关应当及时与监察机关沟通。

(二) 对于监察机关在调查其管辖犯罪时已经查明,但属于公安机关管辖的犯罪,检察机关可以依法追加起诉。对于监察机关移送起诉的案件,检察机关在审查起诉阶段发现漏罪,如该罪属于公安机关管辖,但犯罪事实清楚,证据确实充分,符合起诉条件的,经征求监察机关、公安机关意见后,没有不同意见的,可以直接追加起诉;提出不同意见,或者事实不清、证据不足的,应当将案件退回监察机关并说明理由,建议其移送有管辖权的机关办理,必要时可以自行补充侦查。

(三) 根据主客观相统一原则,准确区分受贿罪和贪污罪。对于国家工作人员收受贿赂后故意不履行监管职责,使非国家工作人员非法占有财物的,如该财物又涉及公款,应根据主客观相统一原则,准确认定案件性质。一要看主观上是否对侵吞公款进行过共谋,二要看客观上是否共同实施侵吞公款行为。如果具有共同侵占公款故意,且共同实施了侵占公款行为，应认定为贪污罪共犯；如果国家工作人员主观上没有侵占公款故意，只是收受贿赂后放弃职守，客观上使非国家工作人员任意处理其经手的钱款成为可能，应认定为为他人谋取利益，国家工作人员构成受贿罪，非国家工作人员构成行贿罪。如果国家工作人员行为同时构成玩忽职守罪的，以受贿罪和玩忽职守罪数罪并罚。

◎ **相关规定**

《中华人民共和国刑法》第六十七条第一款，第二百六十六条，第二百七十一条第一款，第三百八十三条第一款第一项，第三百八十五条第一款，第三百八十六条，第三百八十九条第一款，第三百九十条

《最高人民法院、最高人民检察院关于办理贪污贿赂刑事案件适用法律若干问题的解释》第一条第一款，第七条第一款，第十一条第一款，第十九条

《最高人民法院、最高人民检察院关于办理诈骗刑事案件具体应用法律的若干问题的解释》第一条，第三条

第三百八十四条　挪用公款罪

国家工作人员利用职务上的便利，挪用公款归个人使用，进行非法活动的，或者挪用公款数额较大、进行营利活动的，或者挪用公款数额较大、超过三个月未还的，是挪用公款罪，处五年以下有期徒刑或者拘役；情节严重的，处五年以上有期徒刑。挪用公款数额巨大不退还的，处十年以上有期徒刑或者无期徒刑。

挪用用于救灾、抢险、防汛、优抚、扶贫、移民、救济款物归个人使用的，从重处罚。

✱ **要点提示**

本条第一款规定的挪用公款"归个人使用"的含义，是指下列情形：(1) 将公款供本人、亲友或者其他自然人使用的；(2) 以个人名义将公款

供其他单位使用的；（3）个人决定以单位名义将公款供其他单位使用，谋取个人利益的。

挪用公款罪与贪污罪的主要区别在于行为人主观上是否具有非法占有公款的目的；挪用公款是否转化为贪污，应当按照主客观相一致的原则，具体判断和认定行为人主观上是否具有非法占有公款的目的。在司法实践中，具有以下情形之一的可以认定行为人具有非法占有公款的目的：（1）行为人"携带挪用的公款潜逃的"，对其携带挪用的公款部分，以贪污罪定罪处罚。（2）行为人挪用公款后采取虚假发票平账、销毁有关账目等手段，使所挪用的公款已难以在单位财务账目上反映出来，且没有归还行为的，应当以贪污罪定罪处罚。（3）行为人截取单位收入不入账，非法占有，使所占有的公款难以在单位财务账目上反映出来，且没有归还行为的，应当以贪污罪定罪处罚。（4）有证据证明行为人有能力归还所挪用的公款而拒不归还，并隐瞒挪用的公款去向的，应当以贪污罪定罪处罚。

关联规定

1.《刑法》（2023 年 12 月 29 日）

第一百八十五条 商业银行、证券交易所、期货交易所、证券公司、期货经纪公司、保险公司或者其他金融机构的工作人员利用职务上的便利，挪用本单位或者客户资金的，依照本法第二百七十二条的规定定罪处罚。

国有商业银行、证券交易所、期货交易所、证券公司、期货经纪公司、保险公司或者其他国有金融机构的工作人员和国有商业银行、证券交易所、期货交易所、证券公司、期货经纪公司、保险公司或者其他国有金融机构委派到前款规定中的非国有机构从事公务的人员有前款行为的，依照本法第三百八十四条的规定定罪处罚。

第二百七十二条 公司、企业或者其他单位的工作人员，利用职务上的便利，挪用本单位资金归个人使用或者借贷给他人，数额较大、超过三个月未还的，或者虽未超过三个月，但数额较大、进行营利活动的，或者进行非法活动的，处三年以下有期徒刑或者拘役；挪用本单位资金数额巨大的，处三年以上七年以下有期徒刑；数额特别巨大的，处七年以上有期徒刑。

国有公司、企业或者其他国有单位中从事公务的人员和国有公司、企业或者其他国有单位委派到非国有公司、企业以及其他单位从事公务的人员有前款行为的，依照本法第三百八十四条的规定定罪处罚。

有第一款行为，在提起公诉前将挪用的资金退还的，可以从轻或者减轻处罚。其中，犯罪较轻的，可以减轻或者免除处罚。

第二百七十三条 挪用用于救灾、抢险、防汛、优抚、扶贫、移民、救济款物，情节严重，致使国家和人民群众利益遭受重大损害的，对直接责任人员，处三年以下有期徒刑或者拘役；情节特别严重的，处三年以上七年以下有期徒刑。

第三百八十四条 国家工作人员利用职务上的便利，挪用公款归个人使用，进行非法活动的，或者挪用公款数额较大、进行营利活动的，或者挪用公款数额较大、超过三个月未还的，是挪用公款罪，处五年以下有期徒刑或者拘役；情节严重的，处五年以上有期徒刑。挪用公款数额巨大不退还的，处十年以上有期徒刑或者无期徒刑。

挪用用于救灾、抢险、防汛、优抚、扶贫、移民、救济款物归个人使用的，从重处罚。

2.《全国人民代表大会常务委员会关于〈中华人民共和国刑法〉第三百八十四条第一款的解释》（2002年4月28日）

全国人民代表大会常务委员会讨论了刑法第三百八十四条第一款规定的国家工作人员利用职务上的便利，挪用公款"归个人使用"的含义问题，解释如下：

有下列情形之一的，属于挪用公款"归个人使用"：

（一）将公款供本人、亲友或者其他自然人使用的；

（二）以个人名义将公款供其他单位使用的；

（三）个人决定以单位名义将公款供其他单位使用，谋取个人利益的。

现予公告。

3. 《全国人民代表大会常务委员会关于〈中华人民共和国刑法〉第九十三条第二款的解释》（2009年8月27日）

全国人民代表大会常务委员会讨论了村民委员会等村基层组织人员在从事哪些工作时属于刑法第九十三条第二款规定的"其他依照法律从事公务的人员"，解释如下：

村民委员会等村基层组织人员协助人民政府从事下列行政管理工作，属于刑法第九十三条第二款规定的"其他依照法律从事公务的人员"：

（一）救灾、抢险、防汛、优抚、扶贫、移民、救济款物的管理；

（二）社会捐助公益事业款物的管理；

（三）国有土地的经营和管理；

（四）土地征收、征用补偿费用的管理；

（五）代征、代缴税款；

（六）有关计划生育、户籍、征兵工作；

（七）协助人民政府从事的其他行政管理工作。

村民委员会等村基层组织人员从事前款规定的公务，利用职务上的便利，非法占有公共财物、挪用公款、索取他人财物或者非法收受他人财物，构成犯罪的，适用刑法第三百八十二条和第三百八十三条贪污罪、第三百八十四条挪用公款罪、第三百八十五条和第三百八十六条受贿罪的规定。

现予公告。

4. 《最高人民法院、最高人民检察院关于办理贪污贿赂刑事案件适用法律若干问题的解释》（2016年4月18日）

第五条　挪用公款归个人使用，进行非法活动，数额在三万元以上的，应当依照刑法第三百八十四条的规定以挪用公款罪追究刑事责任；数额在三百万元以上的，应当认定为刑法第三百八十四条第一款规定的"数额巨大"。具有下列情形之一的，应当认定为刑法第三百八十四条第一款规定的"情节严重"：

（一）挪用公款数额在一百万元以上的；

（二）挪用救灾、抢险、防汛、优抚、扶贫、移民、救济特定款物，数额在五十万元以上不满一百万元的；

（三）挪用公款不退还，数额在五十万元以上不满一百万元的；

（四）其他严重的情节。

第六条 挪用公款归个人使用，进行营利活动或者超过三个月未还，数额在五万元以上的，应当认定为刑法第三百八十四条第一款规定的"数额较大"；数额在五百万元以上的，应当认定为刑法第三百八十四条第一款规定的"数额巨大"。具有下列情形之一的，应当认定为刑法第三百八十四条第一款规定的"情节严重"：

（一）挪用公款数额在二百万元以上的；

（二）挪用救灾、抢险、防汛、优抚、扶贫、移民、救济特定款物，数额在一百万元以上不满二百万元的；

（三）挪用公款不退还，数额在一百万元以上不满二百万元的；

（四）其他严重的情节。

5.《最高人民法院关于审理挪用公款案件具体应用法律若干问题的解释》

（1998年4月29日）

为依法惩处挪用公款犯罪，根据刑法的有关规定，现对办理挪用公款案件具体应用法律的若干问题解释如下：

第一条 刑法第三百八十四条规定的，"挪用公款归个人使用"，包括挪用者本人使用或者给他人使用。

挪用公款给私有公司、私有企业使用的，属于挪用公款归个人使用。

第二条 对挪用公款罪，应区分三种不同情况予以认定：

（一）挪用公款归个人使用，数额较大、超过三个月未还的，构成挪用公款罪。

挪用正在生息或者需要支付利息的公款归个人使用，数额较大，超过三个月但在案发前全部归还本金的，可以从轻处罚或者免除处罚。给国家、集体造成的利息损失应予追缴。挪用公款数额巨大，超过三个月，案发前全部归还的，可以酌情从轻处罚。

（二）挪用公款数额较大，归个人进行营利活动的，构成挪用公款罪，不受挪用时间和是否归还的限制。在案发前部分或者全部归还本息的，可以从轻处罚；情节轻微的，可以免除处罚。

挪用公款存入银行、用于集资、购买股票、国债等，属于挪用公款进行营利活动。所获取的利息、收益等违法所得，应当追缴，但不计入挪用公款的数额。

（三）挪用公款归个人使用，进行赌博、走私等非法活动的，构成挪用公款罪，不受"数额较大"和挪用时间的限制。

挪用公款给他人使用，不知道使用人用公款进行营利活动或者用于非法活动，数额较大、超过三个月未还的，构成挪用公款罪；明知使用人用于营利活动或者非法活动的，应当认定为挪用人挪用公款进行营利活动或者非法活动。

第三条 挪用公款归个人使用，"数额较大、进行营利活动的"，或者"数额较大、超过三个月未还的"，以挪用公款一万元至三万元为"数额较大"的起点，以挪用公款十五万元至二十万元为"数额巨大"的起点。挪用公款"情节严重"，是指挪用公款数额巨大，或者数额虽未达到巨大，但挪用公款手段恶劣；多次挪用公款；因挪用公款严重影响生产、经营，造成严重损失等情形。

"挪用公款归个人使用，进行非法活动的"，以挪用公款五千元至一万元为追究刑事责任的数额起点。挪用公款五万元至十万元以上的，属于挪用公款归个人使用，进行非法活动，"情节严重"的情形之一。挪用公款归个人使用，进行非法活动，情节严重的其他情形，按照本条第一款的规定执行。

各高级人民法院可以根据本地实际情况，按照本解释规定的数额幅度，确定本地区执行的具体数额标准，并报最高人民法院备案。

挪用救灾、抢险、防汛、优抚、扶贫、移民、救济款物归个人使用的数额标准，参照挪用公款归个人使用进行非法活动的数额标准。

第四条 多次挪用公款不还，挪用公款数额累计计算；多次挪用公款，并以后次挪用的公款归还前次挪用的公款，挪用公款数额以案发时未还的实际数额认定。

第五条 "挪用公款数额巨大不退还的"，是指挪用公款数额巨大，因客观原因在一审宣判前不能退还的。

第六条 携带挪用的公款潜逃的，依照刑法第三百八十二条、第三百八十三条的规定定罪处罚。

第七条 因挪用公款索取、收受贿赂构成犯罪的，依照数罪并罚的规定处罚。

挪用公款进行非法活动构成其他犯罪的，依照数罪并罚的规定处罚。

第八条 挪用公款给他人使用，使用人与挪用人共谋，指使或者参与策划取得挪用款的，以挪用公款罪的共犯定罪处罚。

6.《最高人民法院、最高人民检察院关于办理妨害预防、控制突发传染病疫情等灾害的刑事案件具体应用法律若干问题的解释》（2003年5月15日）

第十四条第一款 贪污、侵占用于预防、控制突发传染病疫情等灾害的款物或者挪用归个人使用，构成犯罪的，分别依照刑法第三百八十二条、第三百八十三条、第二百七十一条、第三百八十四条、第二百七十二条的规定，以贪污罪、职务侵占罪、挪用公款罪、挪用资金罪定罪，依法从重处罚。

7.《最高人民法院关于挪用公款犯罪如何计算追诉期限问题的批复》（2003年10月10日）

天津市高级人民法院：

你院津高法〔2002〕4号《关于挪用公款犯罪如何计算追诉期限问题的请示》收悉。经研究，答复如下：

根据刑法第八十九条、第三百八十四条的规定，挪用公款归个人使用，进行非法活动的，或者挪用公款数额较大、进行营利活动的，犯罪的追诉期限从挪用行为实施完毕之日起计算；挪用公款数额较大、超过三个月未还的，犯罪的追诉期限从挪用公款罪成立之日起计算。挪用公款行为有连续状态的，犯罪的追诉期限应当从最后一次挪用行为实施完毕之日或者犯罪成立之日起计算。

此复。

8.《最高人民检察院关于挪用失业保险基金和下岗职工基本生活保障资金的行为适用法律问题的批复》（2003 年 1 月 30 日）

辽宁省人民检察院：

你院辽检发研字〔2002〕9 号《关于挪用职工失业保险金和下岗职工生活保障金是否属于挪用特定款物的请示》收悉。经研究，批复如下：

挪用失业保险基金和下岗职工基本生活保障资金属于挪用救济款物。挪用失业保险基金和下岗职工基本生活保障资金，情节严重，致使国家和人民群众利益遭受重大损害的，对直接责任人员，应当依照刑法第二百七十三条的规定，以挪用特定款物罪追究刑事责任；国家工作人员利用职务上的便利，挪用失业保险基金和下岗职工基本生活保障资金归个人使用，构成犯罪的，应当依照刑法第三百八十四条的规定，以挪用公款罪追究刑事责任。

此复。

9.《最高人民检察院关于国家工作人员挪用非特定公物能否定罪的请示的批复》（2000 年 3 月 15 日）

山东省人民检察院：

你院鲁检发研字〔1999〕第 3 号《关于国家工作人员挪用非特定公物能否定罪的请示》收悉。经研究认为，刑法第 384 条规定的挪用公款罪中未包括挪用非特定公物归个人使用的行为，对该行为不以挪用公款罪论处。如构成其他犯罪的，依照刑法的相关规定定罪处罚。

此复。

10.《最高人民检察院关于挪用国库券如何定性问题的批复》（1997 年 10 月 13 日）

宁夏回族自治区人民检察院：

你院宁检发字〔1997〕43 号《关于国库券等有价证券是否可以成为

挪用公款罪所侵犯的对象以及以国库券抵押贷款的行为如何定性等问题的请示》收悉。关于挪用国库券如何定性的问题，经研究，批复如下：

国家工作人员利用职务上的便利，挪用公有或本单位的国库券的行为以挪用公款论；符合刑法第 384 条、第 272 条第 2 款规定的情形构成犯罪的，按挪用公款罪追究刑事责任。

11.《全国法院审理经济犯罪案件工作座谈会纪要》（2003 年 11 月 13 日）

四、关于挪用公款罪

（一）单位决定将公款给个人使用行为的认定

经单位领导集体研究决定将公款给个人使用，或者单位负责人为了单位的利益，决定将公款给个人使用的，不以挪用公款罪定罪处罚。上述行为致使单位遭受重大损失，构成其他犯罪的，依照刑法的有关规定对责任人员定罪处罚。

（二）挪用公款供其他单位使用行为的认定

根据全国人大常委会《关于〈中华人民共和国刑法〉第三百八十四条第一款的解释》的规定，"以个人名义将公款供其他单位使用的"、"个人决定以单位名义将公款供其他单位使用，谋取个人利益的"，属于挪用公款"归个人使用"。在司法实践中，对于将公款供其他单位使用的，认定是否属于"以个人名义"，不能只看形式，要从实质上把握。对于行为人逃避财务监管，或者与使用人约定以个人名义进行，或者借款、还款都以个人名义进行，将公款给其他单位使用的，应认定为"以个人名义"。"个人决定"既包括行为人在职权范围内决定，也包括超越职权范围决定。"谋取个人利益"，既包括行为人与使用人事先约定谋取个人利益实际尚未获取的情况，也包括虽未事先约定但实际已获取了个人利益的情况。其中的"个人利益"，既包括不正当利益，也包括正当利益；既包括财产性利益，也包括非财产性利益，但这种非财产性利益应当是具体的实际利益，如升学、就业等。

（三）国有单位领导向其主管的具有法人资格的下级单位借公款归个人使用的认定

国有单位领导利用职务上的便利指令具有法人资格的下级单位将公款

供个人使用的，属于挪用公款行为，构成犯罪的，应以挪用公款罪定罪处罚。

（四）挪用有价证券、金融凭证用于质押行为性质的认定

挪用金融凭证、有价证券用于质押，使公款处于风险之中，与挪用公款为他人提供担保没有实质的区别，符合刑法关于挪用公款罪规定的，以挪用公款罪定罪处罚，挪用公款数额以实际或者可能承担的风险数额认定。

（五）挪用公款归还个人欠款行为性质的认定

挪用公款归还个人欠款的，应当根据产生欠款的原因，分别认定属于挪用公款的何种情形。归还个人进行非法活动或者进行营利活动产生的欠款，应当认定为挪用公款进行非法活动或者进行营利活动。

（六）挪用公款用于注册公司、企业行为性质的认定

申报注册资本是为进行生产经营活动作准备，属于成立公司、企业进行营利活动的组成部分。因此。挪用公款归个人用于公司、企业注册资本验资证明的，应当认定为挪用公款进行营利活动。

（七）挪用公款后尚未投入实际使用的行为性质的认定

挪用公款后尚未投入实际使用的，只要同时具备"数额较大"和"超过三个月未还"的构成要件，应当认定为挪用公款罪，但可以酌情从轻处罚。

（八）挪用公款转化为贪污的认定

挪用公款罪与贪污罪的主要区别在于行为人主观上是否具有非法占有公款的目的。挪用公款是否转化为贪污，应当按照主客观相一致的原则，具体判断和认定行为人主观上是否具有非法占有公款的目的。在司法实践中，具有以下情形之一的，可以认定行为人具有非法占有公款的目的：

1. 根据《最高人民法院关于审理挪用公款案件具体应用法律若干问题的解释》第六条的规定，行为人"携带挪用的公款潜逃的"，对其携带挪用的公款部分，以贪污罪定罪处罚。

2. 行为人挪用公款后采取虚假发票平帐、销毁有关帐目等手段，使所挪用的公款已难以在单位财务帐目上反映出来，且没有归还行为的，应当以贪污罪定罪处罚。

3. 行为人截取单位收入不入帐，非法占有，使所占有的公款难以在单位财务帐目上反映出来，且没有归还行为的，应当以贪污罪定罪处罚。

4. 有证据证明行为人有能力归还所挪用的公款而拒不归还，并隐瞒挪用的公款去向的，应当以贪污罪定罪处罚。

❀ 典型案例

歹某学挪用公款案①

◎ 案例要旨

（1）国有企业工作人员因单位经营的需要，根据集体决定的意见，将公款划拨至名为个体实为集体的其他企业使用，没有从中谋取私人利益的，其行为不构成挪用公款罪。(2) 工商行政管理机关核发的营业执照标明的企业性质，与企业的实际情况不一致时，应当根据企业的成立过程、资金来源、利润分配、管理经营方式等情况，如实认定企业性质。

第三百八十五条　受贿罪

国家工作人员利用职务上的便利，索取他人财物的，或者非法收受他人财物，为他人谋取利益的，是受贿罪。

国家工作人员在经济往来中，违反国家规定，收受各种名义的回扣、手续费，归个人所有的，以受贿论处。

❀ 要点提示

受贿罪的犯罪构成。受贿罪的犯罪形式有三种：索贿、被动受贿和斡旋受贿（本法第三百八十八条）。索贿不要求为他人谋取利益，这一点不同于第一百六十三条的公司、企业、其他单位人员受贿犯罪中的索贿。被动受贿必须要求有收受他人财物和为他人谋取利益两方面，利益的性质和是否实际为他人谋取利益则在所不问。斡旋受贿要求为请托人谋取不正当利益，而不是一切利益。

关于事后受贿问题。国家工作人员利用职务上的便利为请托人谋取利

---

① 《最高人民法院公报》2005 年第 5 期。

益，并与请托人事先约定，在其离职后收受请托人财物，构成犯罪的，以受贿罪定罪处罚。

此外，在认定受贿罪时，还应注意：

关于"利用职务上的便利"的认定。本条第一款规定的"利用职务上的便利"，既包括利用本人职务上主管、负责、承办某项公共事务的职权，也包括利用职务上有隶属、制约关系的其他国家工作人员的职权。担任单位领导职务的国家工作人员通过不属于自己主管的下级部门的国家工作人员的职务为他人谋取利益的，应当认定为"利用职务上的便利"为他人谋取利益。

"为他人谋取利益"的认定。为他人谋取利益包括承诺、实施和实现三个阶段的行为。只要具有其中一个阶段的行为，如国家工作人员收受他人财物时，根据他人提出的具体请托事项，承诺为他人谋取利益的，就具备了为他人谋取利益的要件。明知他人有具体请托事项而收受其财物的，视为承诺为他人谋取利益。

共同受贿犯罪的认定。根据刑法关于共同犯罪的规定，非国家工作人员与国家工作人员勾结伙同受贿的，应当以受贿罪的共犯追究刑事责任。非国家工作人员是否构成受贿罪共犯，取决于双方有无共同受贿的故意和行为，国家工作人员的近亲属向国家工作人员代为转达请托事项，收受请托人财物并告知该国家工作人员，或者国家工作人员明知其近亲属收受了他人财物，仍按照近亲属的要求利用职权为他人谋取利益的，对该国家工作人员应认定为受贿罪，其近亲属以受贿罪共犯论处。近亲属以外的其他人与国家工作人员通谋，由国家工作人员利用职务上的便利为请托人谋取利益，收受请托人财物后双方共同占有的，构成受贿罪共犯。国家工作人员利用职务上的便利为他人谋取利益，并指定他人将财物送给其他人，构成犯罪的，应以受贿罪定罪处罚。

以借款为名索取或者非法收受财物行为的认定。国家工作人员利用职务上的便利以借款为名向他人索取财物，或者非法收受财物为他人谋取利益的，应当认定为受贿。具体认定时，不能仅仅看是否有书面借款手续，应当根据以下因素综合判定：（1）有无正当、合理的借款事由；（2）款项的去向；（3）双方平时关系如何、有无经济往来；（4）出借方是否要求国家工作人员利用职务上的便利为其谋取利益；（5）借款后是否有归还的意思表示及行为；（6）是否有归还的能力；（7）未归还的原因等。

❋ 关联规定

1.《刑法》（2023年12月29日）

第九十三条　本法所称国家工作人员，是指国家机关中从事公务的人员。

国有公司、企业、事业单位、人民团体中从事公务的人员和国家机关、国有公司、企业、事业单位委派到非国有公司、企业、事业单位、社会团体从事公务的人员，以及其他依照法律从事公务的人员，以国家工作人员论。

第一百六十三条　公司、企业或者其他单位的工作人员，利用职务上的便利，索取他人财物或者非法收受他人财物，为他人谋取利益，数额较大的，处三年以下有期徒刑或者拘役，并处罚金；数额巨大或者有其他严重情节的，处三年以上十年以下有期徒刑，并处罚金；数额特别巨大或者有其他特别严重情节的，处十年以上有期徒刑或者无期徒刑，并处罚金。

公司、企业或者其他单位的工作人员在经济往来中，利用职务上的便利，违反国家规定，收受各种名义的回扣、手续费，归个人所有的，依照前款的规定处罚。

国有公司、企业或者其他国有单位中从事公务的人员和国有公司、企业或者其他国有单位委派到非国有公司、企业以及其他单位从事公务的人员有前两款行为的，依照本法第三百八十五条、第三百八十六条的规定定罪处罚。

第一百八十四条　银行或者其他金融机构的工作人员在金融业务活动中索取他人财物或者非法收受他人财物，为他人谋取利益的，或者违反国家规定，收受各种名义的回扣、手续费，归个人所有的，依照本法第一百六十三条的规定定罪处罚。

国有金融机构工作人员和国有金融机构委派到非国有金融机构从事公务的人员有前款行为的，依照本法第三百八十五条、第三百八十六条的规定定罪处罚。

第三百八十八条 国家工作人员利用本人职权或者地位形成的便利条件，通过其他国家工作人员职务上的行为，为请托人谋取不正当利益，索取请托人财物或者收受请托人财物的，以受贿论处。

第三百九十九条 司法工作人员徇私枉法、徇情枉法，对明知是无罪的人而使他受追诉、对明知是有罪的人而故意包庇不使他受追诉，或者在刑事审判活动中故意违背事实和法律作枉法裁判的，处五年以下有期徒刑或者拘役；情节严重的，处五年以上十年以下有期徒刑；情节特别严重的，处十年以上有期徒刑。

在民事、行政审判活动中故意违背事实和法律作枉法裁判，情节严重的，处五年以下有期徒刑或者拘役；情节特别严重的，处五年以上十年以下有期徒刑。

在执行判决、裁定活动中，严重不负责任或者滥用职权，不依法采取诉讼保全措施、不履行法定执行职责，或者违法采取诉讼保全措施、强制执行措施，致使当事人或者其他人的利益遭受重大损失的，处五年以下有期徒刑或者拘役；致使当事人或者其他人的利益遭受特别重大损失的，处五年以上十年以下有期徒刑。

司法工作人员收受贿赂，有前三款行为的，同时又构成本法第三百八十五条规定之罪的，依照处罚较重的规定定罪处罚。

2.《全国人民代表大会常务委员会关于〈中华人民共和国刑法〉第九十三条第二款的解释》（2009年8月27日）

全国人民代表大会常务委员会讨论了村民委员会等村基层组织人员在从事哪些工作时属于刑法第九十三条第二款规定的"其他依照法律从事公务的人员"，解释如下：

村民委员会等村基层组织人员协助人民政府从事下列行政管理工作，属于刑法第九十三条第二款规定的"其他依照法律从事公务的人员"：

（一）救灾、抢险、防汛、优抚、扶贫、移民、救济款物的管理；

（二）社会捐助公益事业款物的管理；

（三）国有土地的经营和管理；

（四）土地征收、征用补偿费用的管理；

（五）代征、代缴税款；

（六）有关计划生育、户籍、征兵工作；

（七）协助人民政府从事的其他行政管理工作。

村民委员会等村基层组织人员从事前款规定的公务，利用职务上的便利，非法占有公共财物、挪用公款、索取他人财物或者非法收受他人财物，构成犯罪的，适用刑法第三百八十二条和第三百八十三条贪污罪、第三百八十四条挪用公款罪、第三百八十五条和第三百八十六条受贿罪的规定。

现予公告。

3. 全国人民代表大会常务委员会《关于〈中华人民共和国刑法〉第三百一十三条的解释》（2002年8月29日）

全国人民代表大会常务委员会讨论了刑法第三百一十三条规定的"对人民法院的判决、裁定有能力执行而拒不执行，情节严重"的含义问题，解释如下：

刑法第三百一十三条规定的"人民法院的判决、裁定"，是指人民法院依法作出的具有执行内容并已发生法律效力的判决、裁定。人民法院为依法执行支付令、生效的调解书、仲裁裁决、公证债权文书等所作的裁定属于该条规定的裁定。

下列情形属于刑法第三百一十三条规定的"有能力执行而拒不执行，情节严重"的情形：

（一）被执行人隐藏、转移、故意毁损财产或者无偿转让财产、以明显不合理的低价转让财产，致使判决、裁定无法执行的；

（二）担保人或者被执行人隐藏、转移、故意毁损或者转让已向人民法院提供担保的财产，致使判决、裁定无法执行的；

（三）协助执行义务人接到人民法院协助执行通知书后，拒不协助执行，致使判决、裁定无法执行的；

（四）被执行人、担保人、协助执行义务人与国家机关工作人员通谋，利用国家机关工作人员的职权妨害执行，致使判决、裁定无法执行的；

（五）其他有能力执行而拒不执行，情节严重的情形。

国家机关工作人员有上述第四项行为的，以拒不执行判决、裁定罪的共犯追究刑事责任。国家机关工作人员收受贿赂或者滥用职权，有上述第四项行为的，同时又构成刑法第三百八十五条、第三百九十七条规定之罪的，依照处罚较重的规定定罪处罚。

现予公告。

4.《最高人民法院、最高人民检察院关于办理赌博刑事案件具体应用法律若干问题的解释》（2005年5月13日）

第七条 通过赌博或者为国家工作人员赌博提供资金的形式实施行贿、受贿行为，构成犯罪的，依照刑法关于贿赂犯罪的规定定罪处罚。

5.《最高人民法院、最高人民检察院关于办理受贿刑事案件适用法律若干问题的意见》（2007年7月8日）

为依法惩治受贿犯罪活动，根据刑法有关规定，现就办理受贿刑事案件具体适用法律若干问题，提出以下意见：

一、关于以交易形式收受贿赂问题

国家工作人员利用职务上的便利为请托人谋取利益，以下列交易形式收受请托人财物的，以受贿论处：

（1）以明显低于市场的价格向请托人购买房屋、汽车等物品的；

（2）以明显高于市场的价格向请托人出售房屋、汽车等物品的；

（3）以其他交易形式非法收受请托人财物的。

受贿数额按照交易时当地市场价格与实际支付价格的差额计算。

前款所列市场价格包括商品经营者事先设定的不针对特定人的最低优惠价格。根据商品经营者事先设定的各种优惠交易条件，以优惠价格购买商品的，不属于受贿。

二、关于收受干股问题

干股是指未出资而获得的股份。国家工作人员利用职务上的便利为请托人谋取利益，收受请托人提供的干股的，以受贿论处。进行了股权转让登记，或者相关证据证明股份发生了实际转让的，受贿数额按转让行为时股份价值计算，所分红利按受贿孳息处理。股份未实际转让，以股份分红名义获取利益的，实际获利数额应当认定为受贿数额。

三、关于以开办公司等合作投资名义收受贿赂问题

国家工作人员利用职务上的便利为请托人谋取利益，由请托人出资，"合作"开办公司或者进行其他"合作"投资的，以受贿论处。受贿数额为请托人给国家工作人员的出资额。

国家工作人员利用职务上的便利为请托人谋取利益，以合作开办公司或者其他合作投资的名义获取"利润"，没有实际出资和参与管理、经营的，以受贿论处。

四、关于以委托请托人投资证券、期货或者其他委托理财的名义收受贿赂问题

国家工作人员利用职务上的便利为请托人谋取利益，以委托请托人投资证券、期货或者其他委托理财的名义，未实际出资而获取"收益"，或者虽然实际出资，但获取"收益"明显高于出资应得收益的，以受贿论处。受贿数额，前一情形，以"收益"额计算；后一情形，以"收益"额与出资应得收益额的差额计算。

五、关于以赌博形式收受贿赂的认定问题

根据《最高人民法院、最高人民检察院关于办理赌博刑事案件具体应用法律若干问题的解释》第七条规定，国家工作人员利用职务上的便利为请托人谋取利益，通过赌博方式收受请托人财物的，构成受贿。

实践中应注意区分贿赂与赌博活动、娱乐活动的界限。具体认定时，主要应当结合以下因素进行判断：（1）赌博的背景、场合、时间、次数；（2）赌资来源；（3）其他赌博参与者有无事先通谋；（4）输赢钱物的具体情况和金额大小。

六、关于特定关系人"挂名"领取薪酬问题

国家工作人员利用职务上的便利为请托人谋取利益，要求或者接受请托人以给特定关系人安排工作为名，使特定关系人不实际工作却获取所谓

薪酬的，以受贿论处。

七、关于由特定关系人收受贿赂问题

国家工作人员利用职务上的便利为请托人谋取利益，授意请托人以本意见所列形式，将有关财物给予特定关系人的，以受贿论处。

特定关系人与国家工作人员通谋，共同实施前款行为的，对特定关系人以受贿罪的共犯论处。特定关系人以外的其他人与国家工作人员通谋，由国家工作人员利用职务上的便利为请托人谋取利益，收受请托人财物后双方共同占有的，以受贿罪的共犯论处。

八、关于收受贿赂物品未办理权属变更问题

国家工作人员利用职务上的便利为请托人谋取利益，收受请托人房屋、汽车等物品，未变更权属登记或者借用他人名义办理权属变更登记的，不影响受贿的认定。

认定以房屋、汽车等物品为对象的受贿，应注意与借用的区分。具体认定时，除双方交代或者书面协议之外，主要应当结合以下因素进行判断：（1）有无借用的合理事由；（2）是否实际使用；（3）借用时间的长短；（4）有无归还的条件；（5）有无归还的意思表示及行为。

九、关于收受财物后退还或者上交问题

国家工作人员收受请托人财物后及时退还或者上交的，不是受贿。

国家工作人员受贿后，因自身或者与其受贿有关联的人、事被查处，为掩饰犯罪而退还或者上交的，不影响认定受贿罪。

十、关于在职时为请托人谋利，离职后收受财物问题

国家工作人员利用职务上的便利为请托人谋取利益之前或者之后，约定在其离职后收受请托人财物，并在离职后收受的，以受贿论处。

国家工作人员利用职务上的便利为请托人谋取利益，离职前后连续收受请托人财物的，离职前后收受部分均应计入受贿数额。

十一、关于"特定关系人"的范围

本意见所称"特定关系人"，是指与国家工作人员有近亲属、情妇（夫）以及其他共同利益关系的人。

十二、关于正确贯彻宽严相济刑事政策的问题

依照本意见办理受贿刑事案件，要根据刑法关于受贿罪的有关规定和受贿罪权钱交易的本质特征，准确区分罪与非罪、此罪与彼罪的界限，惩处少数，教育多数。在从严惩处受贿犯罪的同时，对于具有自首、立功等情节的，依法从轻、减轻或者免除处罚。

6.《最高人民法院、最高人民检察院关于办理商业贿赂刑事案件适用法律若干问题的意见》（2008年11月20日）

一、商业贿赂犯罪涉及刑法规定的以下八种罪名：

（1）非国家工作人员受贿罪（刑法第一百六十三条）；

（2）对非国家工作人员行贿罪（刑法第一百六十四条）；

（3）受贿罪（刑法第三百八十五条）；

（4）单位受贿罪（刑法第三百八十七条）；

（5）行贿罪（刑法第三百八十九条）；

（6）对单位行贿罪（刑法第三百九十一条）；

（7）介绍贿赂罪（刑法第三百九十二条）；

（8）单位行贿罪（刑法第三百九十三条）。

四、医疗机构中的国家工作人员，在药品、医疗器械、医用卫生材料等医药产品采购活动中，利用职务上的便利，索取销售方财物，或者非法收受销售方财物，为销售方谋取利益，构成犯罪的，依照刑法第三百八十五条的规定，以受贿罪定罪处罚。

医疗机构中的非国家工作人员，有前款行为，数额较大的，依照刑法第一百六十三条的规定，以非国家工作人员受贿罪定罪处罚。

医疗机构中的医务人员，利用开处方的职务便利，以各种名义非法收受药品、医疗器械、医用卫生材料等医药产品销售方财物，为医药产品销售方谋取利益，数额较大的，依照刑法第一百六十三条的规定，以非国家工作人员受贿罪定罪处罚。

五、学校及其他教育机构中的国家工作人员，在教材、教具、校服或者其他物品的采购等活动中，利用职务上的便利，索取销售方财物，或者非法收受销售方财物，为销售方谋取利益，构成犯罪的，依照刑法第三百八十五条的规定，以受贿罪定罪处罚。

学校及其他教育机构中的非国家工作人员，有前款行为，数额较大的，依照刑法第一百六十三条的规定，以非国家工作人员受贿罪定罪处罚。

学校及其他教育机构中的教师，利用教学活动的职务便利，以各种名义非法收受教材、教具、校服或者其他物品销售方财物，为教材、教具、校服或者其他物品销售方谋取利益，数额较大的，依照刑法第一百六十三条的规定，以非国家工作人员受贿罪定罪处罚。

六、依法组建的评标委员会、竞争性谈判采购中谈判小组、询价采购中询价小组的组成人员，在招标、政府采购等事项的评标或者采购活动中，索取他人财物或者非法收受他人财物，为他人谋取利益，数额较大的，依照刑法第一百六十三条的规定，以非国家工作人员受贿罪定罪处罚。

依法组建的评标委员会、竞争性谈判采购中谈判小组、询价采购中询价小组中国家机关或者其他国有单位的代表有前款行为的，依照刑法第三百八十五条的规定，以受贿罪定罪处罚。

七、商业贿赂中的财物，既包括金钱和实物，也包括可以用金钱计算数额的财产性利益，如提供房屋装修、含有金额的会员卡、代币卡（券）、旅游费用等。具体数额以实际支付的资费为准。

八、收受银行卡的，不论受贿人是否实际取出或者消费，卡内的存款数额一般应全额认定为受贿数额。使用银行卡透支的，如果由给予银行卡的一方承担还款责任，透支数额也应当认定为受贿数额。

九、在行贿犯罪中，"谋取不正当利益"，是指行贿人谋取违反法律、法规、规章或者政策规定的利益，或者要求对方违反法律、法规、规章、政策、行业规范的规定提供帮助或者方便条件。

在招标投标、政府采购等商业活动中，违背公平原则，给予相关人员财物以谋取竞争优势的，属于"谋取不正当利益"。

十、办理商业贿赂犯罪案件，要注意区分贿赂与馈赠的界限。主要应当结合以下因素全面分析、综合判断：

（1）发生财物往来的背景，如双方是否存在亲友关系及历史上交往的情形和程度；

（2）往来财物的价值；

（3）财物往来的缘由、时机和方式，提供财物方对于接受方有无职务上的请托；

（4）接受方是否利用职务上的便利为提供方谋取利益。

十一、非国家工作人员与国家工作人员通谋，共同收受他人财物，构成共同犯罪的，根据双方利用职务便利的具体情形分别定罪追究刑事责任：

（1）利用国家工作人员的职务便利为他人谋取利益的，以受贿罪追究刑事责任。

（2）利用非国家工作人员的职务便利为他人谋取利益的，以非国家工作人员受贿罪追究刑事责任。

（3）分别利用各自的职务便利为他人谋取利益的，按照主犯的犯罪性质追究刑事责任，不能分清主从犯的，可以受贿罪追究刑事责任。

7.《最高人民法院、最高人民检察院关于办理贪污贿赂刑事案件适用法律若干问题的解释》（2016年4月18日）

第十二条 贿赂犯罪中的"财物"，包括货币、物品和财产性利益。财产性利益包括可以折算为货币的物质利益如房屋装修、债务免除等，以及需要支付货币的其他利益如会员服务、旅游等。后者的犯罪数额，以实际支付或者应当支付的数额计算。

第十三条 具有下列情形之一的，应当认定为"为他人谋取利益"，构成犯罪的，应当依照刑法关于受贿犯罪的规定定罪处罚：

（一）实际或者承诺为他人谋取利益的；

（二）明知他人有具体请托事项的；

（三）履职时未被请托，但事后基于该履职事由收受他人财物的。

国家工作人员索取、收受具有上下级关系的下属或者具有行政管理关系的被管理人员的财物价值三万元以上，可能影响职权行使的，视为承诺为他人谋取利益。

第十五条 对多次受贿未经处理的，累计计算受贿数额。

国家工作人员利用职务上的便利为请托人谋取利益前后多次收受请托人财物，受请托之前收受的财物数额在一万元以上的，应当一并计入受贿数额。

8.《最高人民法院、最高人民检察院关于办理职务犯罪案件认定自首、立功等量刑情节若干问题的意见》（2009年3月12日）

为依法惩处贪污贿赂、渎职等职务犯罪，根据刑法和相关司法解释的规定，结合办案工作实际，现就办理职务犯罪案件有关自首、立功等量刑情节的认定和处理问题，提出如下意见：

一、关于自首的认定和处理

根据刑法第六十七条第一款的规定，成立自首需同时具备自动投案和如实供述自己的罪行两个要件。犯罪事实或者犯罪分子未被办案机关掌握，或者虽被掌握，但犯罪分子尚未受到调查谈话、讯问，或者未被宣布采取调查措施或者强制措施时，向办案机关投案的，是自动投案。在此期间如实交代自己的主要犯罪事实的，应当认定为自首。

犯罪分子向所在单位等办案机关以外的单位、组织或者有关负责人员投案的，应当视为自动投案。

没有自动投案，在办案机关调查谈话、讯问、采取调查措施或者强制措施期间，犯罪分子如实交代办案机关掌握的线索所针对的事实的，不能认定为自首。

没有自动投案，但具有以下情形之一的，以自首论：（1）犯罪分子如实交代办案机关未掌握的罪行，与办案机关已掌握的罪行属不同种罪行的；（2）办案机关所掌握线索针对的犯罪事实不成立，在此范围外犯罪分子交代同种罪行的。

单位犯罪案件中，单位集体决定或者单位负责人决定而自动投案，如实交代单位犯罪事实的，或者单位直接负责的主管人员自动投案，如实交代单位犯罪事实的，应当认定为单位自首。单位自首的，直接负责的主管人员和直接责任人员未自动投案，但如实交代自己知道的犯罪事实的，可以视为自首；拒不交待自己知道的犯罪事实或者逃避法律追究的，不应当认定为自首。单位没有自首，直接责任人员自动投案并如实交代自己知道的犯罪事实的，对该直接责任人员应当认定为自首。

对于具有自首情节的犯罪分子，办案机关移送案件时应当予以说明并移交相关证据材料。

对于具有自首情节的犯罪分子，应当根据犯罪的事实、性质、情节和对于社会的危害程度，结合自动投案的动机、阶段、客观环境，交代犯罪事实的完整性、稳定性以及悔罪表现等具体情节，依法决定是否从轻、减轻或者免除处罚以及从轻、减轻处罚的幅度。

二、关于立功的认定和处理

立功必须是犯罪分子本人实施的行为。为使犯罪分子得到从轻处理，犯罪分子的亲友直接向有关机关揭发他人犯罪行为，提供侦破其他案件的重要线索，或者协助司法机关抓捕其他犯罪嫌疑人的，不应当认定为犯罪分子的立功表现。

据以立功的他人罪行材料应当指明具体犯罪事实；据以立功的线索或者协助行为对于侦破案件或者抓捕犯罪嫌疑人要有实际作用。犯罪分子揭发他人犯罪行为时没有指明具体犯罪事实的；揭发的犯罪事实与查实的犯罪事实不具有关联性的；提供的线索或者协助行为对于其他案件的侦破或者其他犯罪嫌疑人的抓捕不具有实际作用的，不能认定为立功表现。

犯罪分子揭发他人犯罪行为，提供侦破其他案件重要线索的，必须经查证属实，才能认定为立功。审查是否构成立功，不仅要审查办案机关的说明材料，还要审查有关事实和证据以及与案件定性处罚相关的法律文书，如立案决定书、逮捕决定书、侦查终结报告、起诉意见书、起诉书或者判决书等。

据以立功的线索、材料来源有下列情形之一的，不能认定为立功：（1）本人通过非法手段或者非法途径获取的；（2）本人因原担任的查禁犯罪等职务获取的；（3）他人违反监管规定向犯罪分子提供的；（4）负有查禁犯罪活动职责的国家机关工作人员或者其他国家工作人员利用职务便利提供的。

犯罪分子检举、揭发的他人犯罪，提供侦破其他案件的重要线索，阻止他人的犯罪活动，或者协助司法机关抓捕的其他犯罪嫌疑人，犯罪嫌疑人、被告人依法可能被判处无期徒刑以上刑罚的，应当认定为有重大立功表现。其中，可能被判处无期徒刑以上刑罚，是指根据犯罪行为的事实、情节可能判处无期徒刑以上刑罚。案件已经判决的，以实际判处的刑罚为准。但是，根据犯罪行为的事实、情节应当判处无期徒刑以上刑罚，因被判刑人有法定情节经依法从轻、减轻处罚后判处有期徒刑的，应当认定为重大立功。

对于具有立功情节的犯罪分子，应当根据犯罪的事实、性质、情节和对于社会的危害程度，结合立功表现所起作用的大小、所破获案件的罪行轻重、所抓获犯罪嫌疑人可能判处的法定刑以及立功的时机等具体情节，依法决定是否从轻、减轻或者免除处罚以及从轻、减轻处罚的幅度。

三、关于如实交代犯罪事实的认定和处理

犯罪分子依法不成立自首，但如实交代犯罪事实，有下列情形之一的，可以酌情从轻处罚：（1）办案机关掌握部分犯罪事实，犯罪分子交代了同种其他犯罪事实的；（2）办案机关掌握的证据不充分，犯罪分子如实交代有助于收集定案证据的。

犯罪分子如实交代犯罪事实，有下列情形之一的，一般应当从轻处罚：（1）办案机关仅掌握小部分犯罪事实，犯罪分子交代了大部分未被掌握的同种犯罪事实的；（2）如实交代对于定案证据的收集有重要作用的。

四、关于赃款赃物追缴等情形的处理

贪污案件中赃款赃物全部或者大部分追缴的，一般应当考虑从轻处罚。

受贿案件中赃款赃物全部或者大部分追缴的，视具体情况可以酌定从轻处罚。

犯罪分子及其亲友主动退赃或者在办案机关追缴赃款赃物过程中积极配合的，在量刑时应当与办案机关查办案件过程中依职权追缴赃款赃物的有所区别。

职务犯罪案件立案后，犯罪分子及其亲友自行挽回的经济损失，司法机关或者犯罪分子所在单位及其上级主管部门挽回的经济损失，或者因客观原因减少的经济损失，不予扣减，但可以作为酌情从轻处罚的情节。

9. 《最高人民法院关于国家工作人员利用职务上的便利为他人谋取利益离退休后收受财物行为如何处理问题的批复》（2000年7月13日）

江苏省高级人民法院：

你院苏高法〔1999〕65号《关于国家工作人员在职时为他人谋利，离退休后收受财物是否构成受贿罪的请示》收悉。经研究，答复如下：

国家工作人员利用职务上的便利为请托人谋取利益，并与请托人事先约定，在其离退休后收受请托人财物，构成犯罪的，以受贿罪定罪处罚。

此复

10. 《全国法院审理经济犯罪案件工作座谈会纪要》（2003年11月13日）

三、关于受贿罪

（一）关于"利用职务上的便利"的认定

刑法第三百八十五条第一款规定的"利用职务上的便利"，既包括利用本人职务上主管、负责、承办某项公共事务的职权，也包括利用职务上有隶属、制约关系的其他国家工作人员的职权。担任单位领导职务的国家工作人员通过不属自己主管的下级部门的国家工作人员的职务为他人谋取利益的，应当认定为"利用职务上的便利"为他人谋取利益。

（二）"为他人谋取利益"的认定

为他人谋取利益包括承诺、实施和实现三个阶段的行为。只要具有其中一个阶段的行为，如国家工作人员收受他人财物时，根据他人提出的具体请托事项，承诺为他人谋取利益的，就具备了为他人谋取利益的要件。明知他人有具体请托事项而收受其财物的，视为承诺为他人谋取利益。

（三）"利用职权或地位形成的便利条件"的认定

刑法第三百八十八条规定的"利用本人职权或者地位形成的便利条件"，是指行为人与被其利用的国家工作人员之间在职务上虽然没有隶属、制约关系，但是行为人利用了本人职权或者地位产生的影响和一定的工作联系，如单位内不同部门的国家工作人员之间、上下级单位没有职务上隶属、制约关系的国家工作人员之间、有工作联系的不同单位的国家工作人员之间等。

（四）离职国家工作人员收受财物行为的处理

参照《最高人民法院关于国家工作人员利用职务上的便利为他人谋取利益离退休后收受财物行为如何处理问题的批复》规定的精神，国家工作人员利用职务上的便利为请托人谋取利益，并与请托人事先约定，在其离职后收受请托人财物，构成犯罪的，以受贿罪定罪处罚。

（五）共同受贿犯罪的认定

根据刑法关于共同犯罪的规定，非国家工作人员与国家工作人员勾结，伙同受贿的，应当以受贿罪的共犯追究刑事责任。非国家工作人员是否构成受贿罪共犯，取决于双方有无共同受贿的故意和行为。国家工作人员的近亲属向国家工作人员代为转达请托事项，收受请托人财物并告知该国家工作人员，或者国家工作人员明知其近亲属收受了他人财物，仍按照近亲属的要求利用职权为他人谋取利益的，对该国家工作人员应认定为受贿罪，其近亲属以受贿罪共犯论处。近亲属以外的其他人与国家工作人员通谋，由国家工作人员利用职务上的便利为请托人谋取利益，收受请托人财物后双方共同占有的，构成受贿罪共犯。国家工作人员利用职务上的便利为他人谋取利益，并指定他人将财物送给其他人，构成犯罪的，应以受贿罪定罪处罚。

（六）以借款为名索取或者非法收受财物行为的认定

国家工作人员利用职务上的便利，以借为名向他人索取财物，或者非法收受财物为他人谋取利益的，应当认定为受贿。具体认定时，不能仅仅看是否有书面借款手续，应当根据以下因素综合判定：

（1）有无正当、合理的借款事由；

（2）款项的去向；

（3）双方平时关系如何、有无经济往来；

（4）出借方是否要求国家工作人员利用职务上的便利为其谋取利益；

（5）借款后是否有归还的意思表示及行为；

（6）是否有归还的能力；

（7）未归还的原因；等等。

（七）涉及股票受贿案件的认定

在办理涉及股票的受贿案件时，应当注意：

（1）国家工作人员利用职务上的便利，索取或非法收受股票，没有支付股本金，为他人谋取利益，构成受贿罪的，其受贿数额按照收受股票时的实际价格计算。

（2）行为人支付股本金而购买较有可能升值的股票，由于不是无偿收受请托人财物，不以受贿罪论处。

（3）股票已上市且已升值，行为人仅支付股本金，其"购买"股票时的实际价格与股本金的差价部分应认定为受贿。

典型案例

1. 任润厚受贿、巨额财产来源不明违法所得没收案[1]

◎ 关键词

违法所得没收　巨额财产来源不明　财产混同　孳息

◎ 要旨

涉嫌巨额财产来源不明犯罪的人在立案前死亡，依照刑法规定应当追缴其违法所得及其他涉案财产的，可以依法适用违法所得没收程序。对涉案的巨额财产，可以由其近亲属或其他利害关系人说明来源。没有近亲属或其他利害关系人主张权利或者说明来源，或者近亲属或其他利害关系人主张权利所提供的证据达不到相应证明标准，或说明的来源经查证不属实的，依法认定为违法所得予以申请没收。违法所得与合法财产混同并产生孳息的，可以按照违法所得占比计算孳息予以申请没收。

◎ 基本案情

犯罪嫌疑人任润厚，男，某省人民政府原副省长，曾任A矿业（集团）有限责任公司（简称A集团）董事长、总经理，B环保能源开发股份

---

[1] 最高人民检察院检例第130号。

有限公司（简称 B 环能公司）董事长。

利害关系人任某一，任润厚亲属。

利害关系人任某二，任润厚亲属。

利害关系人袁某，任润厚亲属。

（一）涉嫌受贿犯罪事实

2001 至 2013 年，犯罪嫌疑人任润厚利用担任 A 集团董事长、总经理，B 环能公司董事长，某省人民政府副省长等职务上的便利，为相关请托人在职务晋升、调整等事项上提供帮助，向下属单位有关人员索要人民币共计 70 万元用于贿选；要求具有行政管理关系的被管理单位为其支付旅游、疗养费用，共计人民币 123 万余元；收受他人所送人民币共计 30 万元，被办案机关依法扣押、冻结。

（二）涉嫌巨额财产来源不明犯罪事实

2000 年 9 月至 2014 年 8 月，犯罪嫌疑人任润厚及其亲属名下的财产和支出共计人民币 3100 余万元，港币 43 万余元，美元 104 万余元，欧元 21 万余元，加元 1 万元，英镑 100 镑；珠宝、玉石、黄金制品、字画、手表等物品 155 件。

任润厚的合法收入以及其亲属能够说明来源的财产为人民币 1835 万余元，港币 800 元，美元 1489 元，欧元 875 元，英镑 132 镑；物品 20 件。任润厚亲属对扣押、冻结在案的人民币 1265 万余元，港币 42 万余元，美元 104 万余元，欧元 21 万余元，加元 1 万元及物品 135 件不能说明来源。

◎ 诉讼过程

2014 年 9 月 20 日，任润厚因严重违纪被免职，同年 9 月 30 日因病死亡。经最高人民检察院指定管辖，江苏省人民检察院于 2016 年 7 月 11 日启动违法所得没收程序。同年 10 月 19 日，江苏省人民检察院将案件交由扬州市人民检察院办理。同年 12 月 2 日，扬州市人民检察院向扬州市中级人民法院提出没收违法所得申请。

利害关系人任某一、任某二、袁某申请参加诉讼。2017 年 6 月 21 日，扬州市中级人民法院公开开庭审理。同年 7 月 25 日，扬州市中级人民法院作出违法所得没收裁定，依法没收任润厚受贿犯罪所得人民币 30 万元及孳息；巨额财产来源不明犯罪所得人民币 1265 万余元、港元 42 万余元、美元 104 万余元、欧元 21 万余元、加元 1 万元及孳息，以及珠宝、玉石、黄金制品、字画、手表等物品 135 件。

◎ **检察履职情况**

（一）准确把握立法精神，依法对立案前死亡的涉嫌贪污贿赂犯罪行为人适用违法所得没收程序。任润厚在纪检监察机关对其涉嫌严重违纪违法问题线索调查期间因病死亡。检察机关认为，与普通刑事诉讼程序旨在解决涉嫌犯罪人的定罪与量刑问题不同，违法所得没收作为特别程序主要解决涉嫌犯罪人的违法所得及其他涉案财产的追缴问题，不涉及对其刑事责任的追究。因此，涉嫌贪污贿赂犯罪行为人在立案前死亡的，虽然依法不再追究其刑事责任，但也应当通过违法所得没收程序追缴其违法所得。本案中，任润厚涉嫌受贿、巨额财产来源不明等重大犯罪，虽然未被刑事立案即死亡，但其犯罪所得及其他涉案财产依法仍应予以追缴，应当通过违法所得没收程序进行处理。

（二）认真核查财产来源证据，依法认定巨额财产来源不明的涉嫌犯罪事实及违法所得数额。办案中，检察机关对任润厚本人及其转移至亲属名下的财产情况、任润厚家庭支出及合法收入情况，进行了重点审查，通过对涉案 270 余个银行账户存款、现金、155 件物品的查封、扣押、冻结，对 160 余名证人复核取证等工作，查明了任润厚家庭财产的支出和收入情况。根据核查情况，将任润厚家庭的购房费用、购车费用、女儿留学费用、结婚赠与及债权共 929 万元纳入重大支出范围，计入财产总额。鉴于任润厚已经死亡，且死亡前未对本人及转移至亲属名下的财产和支出来源作出说明，检察机关依法向任润厚的亲属调查询问，由任润厚亲属说明财产和支出来源，并根据其说明情况向相关单位、人员核实，调取相关证据。对于相关证据证实及任润厚亲属能够说明合法来源的工资奖金、房租收入、卖房所得、投资盈利等共计 1806 万余元，以及手表、玉石、黄金制品等物品，依法在涉案财产总额中予以扣减。将犯罪嫌疑人及其亲属名下财产和家庭重大支出数额，减去家庭合法收入及其近亲属等利害关系人能说明合法来源的收入，作为任润厚涉嫌巨额财产来源不明罪的违法所得，据此提出没收违法所得申请。利害关系人任某一和袁某对检察机关没收申请没有提出异议。任某二对于检察机关将任润厚夫妇赠与的50万元购车款作为重大支出计入财产总额，提出异议，并提供购车发票证明其购买汽车裸车价格为30万元，提出余款20万元不能作为重大支出，应从没收金额中扣减。检察机关根据在案证据认为不应扣减，并在出庭时指出：该50万元系由任润厚夫妇赠与任某二，支出去向明确，且任润厚家庭财产与任某二家庭财产并无混同；购车费用除裸车价格外，还包括车辆购置税、保险费等其他费用；任某二没有提供证据，证明购车款结余部分返还给任润厚夫妇。因此，其主张在没收金额中扣减20万元的依据不足，不应支持。该意见被法院裁定采纳。

（三）依法审查合法财产与违法所得混同的财产，按违法所得所占比例认定和申请没收违法所得孳息。经审查认定，依法应当申请没收的巨额财产来源不明犯罪所得为人民币1265万余元、部分外币以及其他物品。冻结在案的任润厚及其亲属名下财产为人民币1800余万存款、部分外币以及其他物品。其中本金1800余万元存款产生了169万余元孳息。关于如何确定应当没收的孳息，检察机关认为，可以按该笔存款总额中违法所得所占比例（约1265/1800＝70.2％），计算出违法所得相应的孳息，依法予以申请没收，剩余部分为合法财产及孳息，返还给其近亲属。法院经审理予以采纳。

◎ **指导意义**

（一）涉嫌贪污贿赂等重大犯罪的人立案前死亡的，依法可以适用违法所得没收程序。违法所得没收程序的目的在于解决违法所得及其他涉案财产的追缴问题，不是追究被申请人的刑事责任。涉嫌实施贪污贿赂等重大犯罪行为的人，依照刑法规定应当追缴其犯罪所得及其他涉案财产的，无论立案之前死亡或立案后作为犯罪嫌疑人、被告人在诉讼中死亡，都可以适用违法所得没收程序。

（二）巨额财产来源不明犯罪案件中，本人因死亡不能对财产来源作出说明的，应当结合其近亲属说明的来源，或者其他利害关系人主张权利以及提供的证据情况，依法认定是否属于违法所得。已死亡人员的近亲属或其他利害关系人主张权利或说明来源的,应要求其提供相关证据或线索,并进行调查核实。没有近亲属或其他利害关系人主张权利或说明来源,或者近亲属或其他利害关系人虽然主张权利但提供的证据没有达到相应证明标准,或者说明的来源经查证不属实的,应当依法认定为违法所得,予以申请没收。

(三)违法所得与合法财产混同并产生孳息的,可以按照比例计算违法所得孳息。在依法查封、扣押、冻结的犯罪嫌疑人财产中,对违法所得与合法财产混同后产生的孳息,可以按照全案中合法财产与违法所得的比例,计算违法所得的孳息数额,依法申请没收。对合法财产及其产生的孳息,及时予以返还。

◎ **相关规定**

《中华人民共和国刑法》第三百八十二条第一款、第三百八十五条第一款、第三百九十五条第一款

《中华人民共和国刑事诉讼法》第二百八十条第一款、第二百八十二条第一款

《人民检察院刑事诉讼规则》第十二章第四节

《最高人民法院、最高人民检察院关于适用犯罪嫌疑人、被告人逃匿、死亡案件违法所得没收程序若干问题的规定》第一条至第三条,第五条至第十条,第十三条至十七条

2. 彭旭峰受贿,贾斯语受贿、洗钱违法所得没收案[1]

◎ **关键词**

违法所得没收　主犯　洗钱罪　境外财产　国际刑事司法协助

◎ **要旨**

对于跨境转移贪污贿赂所得的洗钱犯罪案件,检察机关应当依法适用特别程序追缴贪污贿赂违法所得。对于犯罪嫌疑人、被告人转移至境外的财产,如果有证据证明具有高度可能属于违法所得及其他涉案财产的,可

---

[1] 最高人民检察院检例第128号。

以依法申请予以没收。对于共同犯罪的主犯逃匿境外，其他共同犯罪人已经在境内依照普通刑事诉讼程序处理的案件，应当充分考虑主犯应对全案事实负责以及国际刑事司法协助等因素，依法审慎适用特别程序追缴违法所得。

◎ **基本案情**

犯罪嫌疑人彭旭峰，男，某市基础建设投资集团有限公司原党委书记，曾任某市住房和城乡建设委员会副主任、轨道交通集团有限公司党委书记、董事长。

犯罪嫌疑人贾斯语，女，自由职业，彭旭峰妻子。

利害关系人贾某，贾斯语亲属。

利害关系人蔡某，贾斯语亲属。

利害关系人邱某某，北京某国际投资咨询有限公司实际经营者。

另案被告人彭某一，彭旭峰弟弟，已被判刑。

（一）涉嫌受贿犯罪事实

2010至2017年，彭旭峰利用担任某市住房和城乡建设委员会副主任、轨道交通集团有限公司党委书记、董事长等职务上的便利，为有关单位或个人在承揽工程、承租土地及设备采购等事项上谋取利益，单独或者伙同贾斯语及彭某一等人非法收受上述单位或个人给予的财物共计折合人民币2.3亿余元和美元12万元。其中，彭旭峰伙同贾斯语非法收受他人给予的财物共计折合人民币31万余元、美元2万元。

2015至2017年，彭旭峰安排彭某一使用两人共同受贿所得人民币2085万余元，在长沙市购买7套房产。案发后，彭某一出售该7套房产，并向办案机关退缴房款人民币2574万余元。

2015年9月至2016年11月，彭旭峰安排彭某一将两人共同受贿所得人民币4500万元借给邱某某；2016年11月，彭旭峰和彭某一收受他人所送对邱某某人民币3000万元的债权，并收取了315万元利息。上述7500万元债权，邱某某以北京某国际投资咨询有限公司在某商业有限公司的40%股权设定抵押担保。案发后，办案机关冻结了上述股份，并将上述315万元利息予以扣押。

2010 至 2015 年，彭旭峰、贾斯语将收受有关单位或个人所送黄金制品，分别存放于彭旭峰家中和贾某、蔡某家中。办案机关提取并扣押上述黄金制品。

（二）涉嫌洗钱犯罪事实

2012 年至 2017 年，贾斯语将彭旭峰受贿犯罪所得人民币 4299 万余元通过地下钱庄或者借用他人账户转移至境外。

2014 年至 2017 年，彭旭峰、贾斯语先后安排彭某一等人将彭旭峰受贿款兑换成外币后，转至贾斯语在其他国家开设的银行账户，先后用于在 4 个国家购买房产、国债及办理移民事宜等。应中华人民共和国刑事司法协助请求，相关国家对涉案房产、国债、资金等依法予以监管和控制。

◎ 诉讼过程

2017 年 4 月 1 日，湖南省岳阳市人民检察院以涉嫌受贿罪对彭旭峰立案侦查，查明彭旭峰已于同年 3 月 24 日逃匿境外。同年 4 月 25 日，湖南省人民检察院对彭旭峰决定逮捕，同年 5 月 10 日，国际刑警组织对彭旭峰发布红色通报。

2017 年 4 月 21 日，岳阳市人民检察院以涉嫌受贿罪、洗钱罪对贾斯语立案侦查，查明贾斯语已于同年 3 月 10 日逃匿境外。同年 4 月 25 日，湖南省人民检察院对贾斯语决定逮捕，同年 5 月 10 日，国际刑警组织对贾斯语发布红色通报。

2018 年 9 月 5 日，岳阳市人民检察院将本案移交岳阳市监察委员会办理。岳阳市监察委员会对彭旭峰、贾斯语涉嫌职务犯罪案件立案调查，并向岳阳市人民检察院移送没收违法所得意见书。2019 年 6 月 22 日，岳阳市人民检察院向岳阳市中级人民法院提出没收违法所得申请。利害关系人贾某、蔡某、邱某某在法院公告期间申请参加诉讼。其中贾某、蔡某对在案扣押的 38 万元提出异议，认为在案证据不能证明该 38 万元属于违法所得，同时提出彭旭峰、贾斯语未成年儿子在国内由其夫妇抚养，请求法庭从没收财产中为其预留生活、教育费用；邱某某对检察机关没收违法所得申请无异议，建议司法机关在执行时将冻结的某商业有限公司 40% 股份变卖后，扣除 7500 万元违法所得，剩余部分返还给其公司。2020 年 1 月 3

日，岳阳市中级人民法院作出违法所得没收裁定，依法没收彭旭峰实施受贿犯罪、贾斯语实施受贿、洗钱犯罪境内违法所得共计人民币 1 亿余元、黄金制品以及境外违法所得共计 5 处房产、250 万欧元国债及孳息、50 余万美元及孳息。同时对贾某、蔡某提出异议的 38 万元解除扣押，予以返还；对邱某某所提意见予以支持，在执行程序中依法处置。

◎ 检察履职情况

（一）提前介入完善证据体系。本案涉嫌受贿、洗钱犯罪数额特别巨大，涉案境外财产分布在 4 个国家，涉及大量通过刑事司法协助获取的境外证据。检察机关发挥提前介入作用，对监察机关提供的案卷材料进行全面审查，详尽梳理案件涉及的上下游犯罪、关联犯罪关系以及电子证据、境外证据、再生证据等，以受贿罪为主线，列明监察机关应予补充调查的问题，并对每一项补证内容进行分解细化，分析论证补证目的和方向。经过监察机关补充调查，进一步完善了有关受贿犯罪所得去向和涉嫌洗钱犯罪的证据。

（二）证明境外财产属于违法所得。在案证据显示彭旭峰、贾斯语将受贿所得转移至 4 个国家，用于购买房产、国债等。其中对在某国购买的房产，欠缺该国资金流向和购买过程的证据。检察机关认为，在案证据证明，贾斯语通过其外国银行账户向境外某公司转账 59.2 万美元，委托该境外公司购买上述某国房产，该公司将其中 49.4 万美元汇往某国，购房合同价款为 43.5 万美元。同一时期内彭旭峰多次安排他人，将共计人民币 390 余万元（折合 60 余万美元）受贿所得汇至贾斯语外国银行账户，汇款数额大于购房款。因此，可以认定彭旭峰、贾斯语在该国的房产高度可能来源于彭旭峰受贿所得，应当认定该房产为违法所得予以申请没收。检察机关对彭旭峰、贾斯语在上述 4 个国家的境外财产均提出没收申请，利害关系人及其诉讼代理人均未提出异议，法院裁定均予以支持。

（三）依法审慎适用特别程序追缴违法所得。本案彭旭峰涉嫌受贿犯罪事实，大部分系伙同彭某一共同实施，彭某一并未逃匿，其受贿案在国内依照普通刑事诉讼程序办理，二人共同受贿犯罪涉及的部分境内财产已在彭某一案中予以查封、扣押或冻结。检察机关审查认为，本案系利用彭旭峰的职权实施，彭旭峰系本案主犯，对受贿行为起到了决定作用，宜将彭某一案中与彭旭峰有关联的境内财产，如兄弟二人在长沙市购买的房产、共同借款给他人的资金等，均纳入违法所得没收程序申请没收。利害关系人及其诉讼代理人和彭某一对此均未提出异议。人民法院作出的违法所得没收裁定生效后，通过国际刑事司法协助申请境外执行，目前已得到部分国家承认。

◎ 指导意义

（一）依法加大对跨境转移贪污贿赂所得的洗钱犯罪打击力度。犯罪嫌疑人、被告人逃匿境外的贪污贿赂犯罪案件，一般均已先期将巨额资产转移至境外，我国刑法第一百九十一条明确规定此类跨境转移资产行为属于洗钱犯罪。《最高人民法院、最高人民检察院关于适用犯罪嫌疑人、被告人逃匿、死亡案件违法所得没收程序若干问题的规定》明确规定对于洗钱犯罪案件，可以适用特别程序追缴违法所得及其他涉案财产。检察机关在办理贪污贿赂犯罪案件中，应当加大对涉嫌洗钱犯罪线索的审查力度，对于符合法定条件的，应积极适用违法所得没收程序追缴违法所得。

（二）准确认定需要没收违法所得的境外财产。《最高人民法院、最高人民检察院关于适用犯罪嫌疑人、被告人逃匿、死亡案件违法所得没收程序若干问题的规定》明确规定对于适用违法所得没收程序案件，适用"具有高度可能"的证明标准。经审查，有证据证明犯罪嫌疑人、被告人将违法所得转移至境外，在境外购置财产的支出小于所转移的违法所得，且犯罪嫌疑人、被告人没有足以支付其在境外购置财产的其他收入来源的，可以认定其在境外购置的财产具有高度可能属于需要申请没收的违法所得。

（三）对于主犯逃匿境外的共同犯罪案件，依法审慎适用特别程序追缴违法所得。共同犯罪中，主犯对全部案件事实负责，犯罪后部分犯罪嫌疑人、被告人逃匿境外，部分犯罪嫌疑人、被告人在境内被司法机关依法查办的，如果境内境外均有涉案财产，且逃匿的犯罪嫌疑人、被告人是共同犯罪的主犯，依法适用特别程序追缴共同犯罪违法所得，有利于全面把握涉案事实，取得较好办案效果。

◎ **相关规定**

《中华人民共和国监察法》第四十八条

《中华人民共和国刑法》第一百九十一条第一款、第三百八十五条第一款

《中华人民共和国刑事诉讼法》第二百九十八条、第二百九十九条、第三百条

《人民检察院刑事诉讼规则》第十二章第四节

《最高人民法院、最高人民检察院关于适用犯罪嫌疑人、被告人逃匿、死亡案件违法所得没收程序若干问题的规定》第一条至第三条，第五条至第十条，第十三条至第十七条

3. 赛跃、韩成武受贿、食品监管渎职案①

◎ **要旨**

负有食品安全监督管理职责的国家机关工作人员，滥用职权或玩忽职守，导致发生重大食品安全事故或者造成其他严重后果的，应当认定为食品监管渎职罪。在渎职过程中受贿的，应当以食品监管渎职罪和受贿罪实行数罪并罚。

4. 胡林贵等人生产、销售有毒、有害食品，行贿骆梅、刘康素销售伪劣产品朱伟全、曾伟中生产、销售伪劣产品黎达文等人受贿、食品监管渎职案②

◎ **要旨**

实施生产、销售有毒、有害食品犯罪，为逃避查处向负有食品安全监管职责的国家工作人员行贿的，应当以生产、销售有毒、有害食品罪和行贿罪实行数罪并罚。

负有食品安全监督管理职责的国家机关工作人员，滥用职权，向生产、销售有毒、有害食品的犯罪分子通风报信，帮助逃避处罚的，应当认

---

① 最高人民检察院检例第16号。
② 最高人民检察院检例第15号。

定为食品监管渎职罪；在渎职过程中受贿的，应当以食品监管渎职罪和受贿罪实行数罪并罚。

5. 杨周武玩忽职守、徇私枉法、受贿案①

◎ 要旨

本案要旨有两点：一是渎职犯罪因果关系的认定。如果负有监管职责的国家机关工作人员没有认真履行其监管职责，从而未能有效防止危害结果发生，那么，这些对危害结果具有"原因力"的渎职行为，应认定与危害结果之间具有刑法意义上的因果关系。二是渎职犯罪同时受贿的处罚原则。对于国家机关工作人员实施渎职犯罪并收受贿赂，同时构成受贿罪的，除刑法第三百九十九条有特别规定的外，以渎职犯罪和受贿罪数罪并罚。

6. 潘玉梅、陈宁受贿案②

◎ 裁判要点

1. 国家工作人员利用职务上的便利为请托人谋取利益，并与请托人以"合办"公司的名义获取"利润"，没有实际出资和参与经营管理的，以受贿论处。

2. 国家工作人员明知他人有请托事项而收受其财物，视为承诺"为他人谋取利益"，是否已实际为他人谋取利益或谋取到利益，不影响受贿的认定。

3. 国家工作人员利用职务上的便利为请托人谋取利益，以明显低于市场的价格向请托人购买房屋等物品的，以受贿论处，受贿数额按照交易时当地市场价格与实际支付价格的差额计算。

4. 国家工作人员收受财物后，因与其受贿有关联的人、事被查处，为掩饰犯罪而退还的，不影响认定受贿罪。

---

① 最高人民检察院检例第8号。
② 最高人民法院指导案例3号。

7. 刘某东贪污、受贿案[1]

◎ **案例要旨**

根据刑法第三百八十五条第一款的规定，国家工作人员明知他人有具体请托事项，仍利用职务之便收受其财物的，虽尚未为他人谋取实际利益，其行为亦构成受贿罪。

8. 程某志受贿案[2]

◎ **案例要旨**

国家工作人员，利用职务上的便利，为他人谋取利益，收受他人的银行卡并改动密码，至案发时虽未实际支取卡中存款，但主观上明显具有非法占有的故意，应视为收受钱款的行为已经实施终了，构成了受贿罪。

第三百八十六条　受贿罪的处罚

对犯受贿罪的，根据受贿所得数额及情节，依照本法第三百八十三条的规定处罚。索贿的从重处罚。

❖ 关联规定

1.《刑法》（2023年12月29日）

第一百六十三条　公司、企业或者其他单位的工作人员，利用职务上的便利，索取他人财物或者非法收受他人财物，为他人谋取利益，数额较大的，处三年以下有期徒刑或者拘役，并处罚金；数额巨大或者有其他严重情节的，处三年以上十年以下有期徒刑，并处罚金；数额特别巨大或者有其他特别严重情节的，处十年以上有期徒刑或者无期徒刑，并处罚金。

---

[1]《最高人民法院公报》2004年第9期。
[2]《最高人民法院公报》2004年第1期。

公司、企业或者其他单位的工作人员在经济往来中，利用职务上的便利，违反国家规定，收受各种名义的回扣、手续费，归个人所有的，依照前款的规定处罚。

国有公司、企业或者其他国有单位中从事公务的人员和国有公司、企业或者其他国有单位委派到非国有公司、企业以及其他单位从事公务的人员有前两款行为的，依照本法第三百八十五条、第三百八十六条的规定定罪处罚。

第一百八十四条 银行或者其他金融机构的工作人员在金融业务活动中索取他人财物或者非法收受他人财物，为他人谋取利益的，或者违反国家规定，收受各种名义的回扣、手续费，归个人所有的，依照本法第一百六十三条的规定定罪处罚。

国有金融机构工作人员和国有金融机构委派到非国有金融机构从事公务的人员有前款行为的，依照本法第三百八十五条、第三百八十六条的规定定罪处罚。

2.《全国人民代表大会常务委员会关于〈中华人民共和国刑法〉第九十三条第二款的解释》（2009年8月27日）

全国人民代表大会常务委员会讨论了村民委员会等村基层组织人员在从事哪些工作时属于刑法第九十三条第二款规定的"其他依照法律从事公务的人员"，解释如下：

村民委员会等村基层组织人员协助人民政府从事下列行政管理工作，属于刑法第九十三条第二款规定的"其他依照法律从事公务的人员"：

（一）救灾、抢险、防汛、优抚、扶贫、移民、救济款物的管理；

（二）社会捐助公益事业款物的管理；

（三）国有土地的经营和管理；

（四）土地征收、征用补偿费用的管理；

（五）代征、代缴税款；

（六）有关计划生育、户籍、征兵工作；

（七）协助人民政府从事的其他行政管理工作。

村民委员会等村基层组织人员从事前款规定的公务，利用职务上的便利，非法占有公共财物、挪用公款、索取他人财物或者非法收受他人财物，构成犯罪的，适用刑法第三百八十二条和第三百八十三条贪污罪、第三百八十四条挪用公款罪、第三百八十五条和第三百八十六条受贿罪的规定。

现予公告。

3.《最高人民法院、最高人民检察院关于办理赌博刑事案件具体应用法律若干问题的解释》（2005年5月13日）

第七条　通过赌博或者为国家工作人员赌博提供资金的形式实施行贿、受贿行为，构成犯罪的，依照刑法关于贿赂犯罪的规定定罪处罚。

4.《最高人民法院、最高人民检察院关于办理商业贿赂刑事案件适用法律若干问题的意见》（2008年11月20日）

七、商业贿赂中的财物，既包括金钱和实物，也包括可以用金钱计算数额的财产性利益，如提供房屋装修、含有金额的会员卡、代币卡（券）、旅游费用等。具体数额以实际支付的资费为准。

八、收受银行卡的，不论受贿人是否实际取出或者消费，卡内的存款数额一般应全额认定为受贿数额。使用银行卡透支的，如果由给予银行卡的一方承担还款责任，透支数额也应当认定为受贿数额。

九、在行贿犯罪中，"谋取不正当利益"，是指行贿人谋取违反法律、法规、规章或者政策规定的利益，或者要求对方违反法律、法规、规章、政策、行业规范的规定提供帮助或者方便条件。

在招标投标、政府采购等商业活动中，违背公平原则，给予相关人员财物以谋取竞争优势的，属于"谋取不正当利益"。

十、办理商业贿赂犯罪案件，要注意区分贿赂与馈赠的界限。主要应当结合以下因素全面分析、综合判断：

（1）发生财物往来的背景，如双方是否存在亲友关系及历史上交往的情形和程度；

（2）往来财物的价值；

（3）财物往来的缘由、时机和方式，提供财物方对于接受方有无职务上的请托；

（4）接受方是否利用职务上的便利为提供方谋取利益。

十一、非国家工作人员与国家工作人员通谋，共同收受他人财物，构成共同犯罪的，根据双方利用职务便利的具体情形分别定罪追究刑事责任：

（1）利用国家工作人员的职务便利为他人谋取利益的，以受贿罪追究刑事责任。

（2）利用非国家工作人员的职务便利为他人谋取利益的，以非国家工作人员受贿罪追究刑事责任。

（3）分别利用各自的职务便利为他人谋取利益的，按照主犯的犯罪性质追究刑事责任，不能分清主从犯的，可以受贿罪追究刑事责任。

第三百八十七条　单位受贿罪

国家机关、国有公司、企业、事业单位、人民团体，索取、非法收受他人财物，为他人谋取利益，情节严重的，对单位判处罚金，并对其直接负责的主管人员和其他直接责任人员，处三年以下有期徒刑或者拘役；情节特别严重的，处三年以上十年以下有期徒刑。[1]

前款所列单位，在经济往来中，在帐外暗中收受各种名义的回扣、手续费的，以受贿论，依照前款的规定处罚。

---

[1] 根据2023年12月29日《刑法修正案（十二）》修改。原第一款条文为："国家机关、国有公司、企业、事业单位、人民团体，索取、非法收受他人财物，为他人谋取利益，情节严重的，对单位判处罚金，并对其直接负责的主管人员和其他直接责任人员，处五年以下有期徒刑或者拘役。"

关联规定

1.《最高人民法院、最高人民检察院关于办理商业贿赂刑事案件适用法律若干问题的意见》（2008年11月20日）

　　为依法惩治商业贿赂犯罪，根据刑法有关规定，结合办案工作实际，现就办理商业贿赂刑事案件适用法律的若干问题，提出如下意见：

　　一、商业贿赂犯罪涉及刑法规定的以下八种罪名：

　　（1）非国家工作人员受贿罪（刑法第一百六十三条）；

　　（2）对非国家工作人员行贿罪（刑法第一百六十四条）；

　　（3）受贿罪（刑法第三百八十五条）；

　　（4）单位受贿罪（刑法第三百八十七条）；

　　（5）行贿罪（刑法第三百八十九条）；

　　（6）对单位行贿罪（刑法第三百九十一条）；

　　（7）介绍贿赂罪（刑法第三百九十二条）；

　　（8）单位行贿罪（刑法第三百九十三条）。

　　二、刑法第一百六十三条、第一百六十四条规定的"其他单位"，既包括事业单位、社会团体、村民委员会、居民委员会、村民小组等常设性的组织，也包括为组织体育赛事、文艺演出或者其他正当活动而成立的组委会、筹委会、工程承包队等非常设性的组织。

　　三、刑法第一百六十三条、第一百六十四条规定的"公司、企业或者其他单位的工作人员"，包括国有公司、企业以及其他国有单位中的非国家工作人员。

　　四、医疗机构中的国家工作人员，在药品、医疗器械、医用卫生材料等医药产品采购活动中，利用职务上的便利，索取销售方财物，或者非法收受销售方财物，为销售方谋取利益，构成犯罪的，依照刑法第三百八十五条的规定，以受贿罪定罪处罚。

　　医疗机构中的非国家工作人员，有前款行为，数额较大的，依照刑法第一百六十三条的规定，以非国家工作人员受贿罪定罪处罚。

　　医疗机构中的医务人员，利用开处方的职务便利，以各种名义非法收受药品、医疗器械、医用卫生材料等医药产品销售方财物，为医药产品销售方谋取利益，数额较大的，依照刑法第一百六十三条的规定，以非国家工作人员受贿罪定罪处罚。

五、学校及其他教育机构中的国家工作人员，在教材、教具、校服或者其他物品的采购等活动中，利用职务上的便利，索取销售方财物，或者非法收受销售方财物，为销售方谋取利益，构成犯罪的，依照刑法第三百八十五条的规定，以受贿罪定罪处罚。

学校及其他教育机构中的非国家工作人员，有前款行为，数额较大的，依照刑法第一百六十三条的规定，以非国家工作人员受贿罪定罪处罚。

学校及其他教育机构中的教师，利用教学活动的职务便利，以各种名义非法收受教材、教具、校服或者其他物品销售方财物，为教材、教具、校服或者其他物品销售方谋取利益，数额较大的，依照刑法第一百六十三条的规定，以非国家工作人员受贿罪定罪处罚。

六、依法组建的评标委员会、竞争性谈判采购中谈判小组、询价采购中询价小组的组成人员，在招标、政府采购等事项的评标或者采购活动中，索取他人财物或者非法收受他人财物，为他人谋取利益，数额较大的，依照刑法第一百六十三条的规定，以非国家工作人员受贿罪定罪处罚。

依法组建的评标委员会、竞争性谈判采购中谈判小组、询价采购中询价小组中国家机关或者其他国有单位的代表有前款行为的，依照刑法第三百八十五条的规定，以受贿罪定罪处罚。

七、商业贿赂中的财物，既包括金钱和实物，也包括可以用金钱计算数额的财产性利益，如提供房屋装修、含有金额的会员卡、代币卡（券）、旅游费用等。具体数额以实际支付的资费为准。

八、收受银行卡的，不论受贿人是否实际取出或者消费，卡内的存款数额一般应全额认定为受贿数额。使用银行卡透支的，如果由给予银行卡的一方承担还款责任，透支数额也应当认定为受贿数额。

九、在行贿犯罪中，"谋取不正当利益"，是指行贿人谋取违反法律、法规、规章或者政策规定的利益，或者要求对方违反法律、法规、规章、政策、行业规范的规定提供帮助或者方便条件。

在招标投标、政府采购等商业活动中，违背公平原则，给予相关人员财物以谋取竞争优势的，属于"谋取不正当利益"。

十、办理商业贿赂犯罪案件，要注意区分贿赂与馈赠的界限。主要应当结合以下因素全面分析、综合判断：

（1）发生财物往来的背景，如双方是否存在亲友关系及历史上交往的情形和程度；

（2）往来财物的价值；

（3）财物往来的缘由、时机和方式，提供财物方对于接受方有无职务上的请托；

（4）接受方是否利用职务上的便利为提供方谋取利益。

十一、非国家工作人员与国家工作人员通谋，共同收受他人财物，构成共同犯罪的，根据双方利用职务便利的具体情形分别定罪追究刑事责任：

（1）利用国家工作人员的职务便利为他人谋取利益的，以受贿罪追究刑事责任。

（2）利用非国家工作人员的职务便利为他人谋取利益的，以非国家工作人员受贿罪追究刑事责任。

（3）分别利用各自的职务便利为他人谋取利益的，按照主犯的犯罪性质追究刑事责任，不能分清主从犯的，可以受贿罪追究刑事责任。

2.《最高人民法院、最高人民检察院关于办理贪污贿赂刑事案件适用法律若干问题的解释》（2016年4月18日）

第十二条 贿赂犯罪中的"财物"，包括货币、物品和财产性利益。财产性利益包括可以折算为货币的物质利益如房屋装修、债务免除等，以及需要支付货币的其他利益如会员服务、旅游等。后者的犯罪数额，以实际支付或者应当支付的数额计算。

第三百八十八条 受贿罪

国家工作人员利用本人职权或者地位形成的便利条件，通过其他国家工作人员职务上的行为，为请托人谋取不正当利益，索取请托人财物或者收受请托人财物的，以受贿论处。

❀ 要点提示

本条规定的"利用本人职权或者地位形成的便利条件"，是指行为人与被其利用的国家工作人员之间在职务上虽然没有隶属、制约关系，但是行为人利用了本人职权或者地位产生的影响和一定的工作联系，如单位内不同部门的国家工作人员之间、上下级单位没有职务上隶属、制约关系的国家工作人员之间、有工作联系的不同单位的国家工作人员之间等。

❀ 关联规定

1.《刑法》（2023年12月29日）

第九十三条 本法所称国家工作人员，是指国家机关中从事公务的人员。

国有公司、企业、事业单位、人民团体中从事公务的人员和国家机关、国有公司、企业、事业单位委派到非国有公司、企业、事业单位、社会团体从事公务的人员，以及其他依照法律从事公务的人员，以国家工作人员论。

2.《最高人民法院、最高人民检察院关于办理商业贿赂刑事案件适用法律若干问题的意见》（2008年11月20日）

为依法惩治商业贿赂犯罪，根据刑法有关规定，结合办案工作实际，现就办理商业贿赂刑事案件适用法律的若干问题，提出如下意见：

一、商业贿赂犯罪涉及刑法规定的以下八种罪名：

（1）非国家工作人员受贿罪（刑法第一百六十三条）；

（2）对非国家工作人员行贿罪（刑法第一百六十四条）；

（3）受贿罪（刑法第三百八十五条）；

（4）单位受贿罪（刑法第三百八十七条）；

（5）行贿罪（刑法第三百八十九条）；

（6）对单位行贿罪（刑法第三百九十一条）；

（7）介绍贿赂罪（刑法第三百九十二条）；

（8）单位行贿罪（刑法第三百九十三条）。

二、刑法第一百六十三条、第一百六十四条规定的"其他单位"，既包括事业单位、社会团体、村民委员会、居民委员会、村民小组等常设性的组织，也包括为组织体育赛事、文艺演出或者其他正当活动而成立的组委会、筹委会、工程承包队等非常设性的组织。

三、刑法第一百六十三条、第一百六十四条规定的"公司、企业或者其他单位的工作人员"，包括国有公司、企业以及其他国有单位中的非国家工作人员。

四、医疗机构中的国家工作人员，在药品、医疗器械、医用卫生材料等医药产品采购活动中，利用职务上的便利，索取销售方财物，或者非法收受销售方财物，为销售方谋取利益，构成犯罪的，依照刑法第三百八十五条的规定，以受贿罪定罪处罚。

医疗机构中的非国家工作人员，有前款行为，数额较大的，依照刑法第一百六十三条的规定，以非国家工作人员受贿罪定罪处罚。

医疗机构中的医务人员，利用开处方的职务便利，以各种名义非法收受药品、医疗器械、医用卫生材料等医药产品销售方财物，为医药产品销售方谋取利益，数额较大的，依照刑法第一百六十三条的规定，以非国家工作人员受贿罪定罪处罚。

五、学校及其他教育机构中的国家工作人员，在教材、教具、校服或者其他物品的采购等活动中，利用职务上的便利，索取销售方财物，或者非法收受销售方财物，为销售方谋取利益，构成犯罪的，依照刑法第三百八十五条的规定，以受贿罪定罪处罚。

学校及其他教育机构中的非国家工作人员，有前款行为，数额较大的，依照刑法第一百六十三条的规定，以非国家工作人员受贿罪定罪处罚。

学校及其他教育机构中的教师，利用教学活动的职务便利，以各种名义非法收受教材、教具、校服或者其他物品销售方财物，为教材、教具、校服或者其他物品销售方谋取利益，数额较大的，依照刑法第一百六十三条的规定，以非国家工作人员受贿罪定罪处罚。

六、依法组建的评标委员会、竞争性谈判采购中谈判小组、询价采购中询价小组的组成人员，在招标、政府采购等事项的评标或者采购活动中，索取他人财物或者非法收受他人财物，为他人谋取利益，数额较大的，依照刑法第一百六十三条的规定，以非国家工作人员受贿罪定罪处罚。

依法组建的评标委员会、竞争性谈判采购中谈判小组、询价采购中询价小组中国家机关或者其他国有单位的代表有前款行为的，依照刑法第三百八十五条的规定，以受贿罪定罪处罚。

七、商业贿赂中的财物，既包括金钱和实物，也包括可以用金钱计算数额的财产性利益，如提供房屋装修、含有金额的会员卡、代币卡（券）、旅游费用等。具体数额以实际支付的资费为准。

八、收受银行卡的，不论受贿人是否实际取出或者消费，卡内的存款数额一般应全额认定为受贿数额。使用银行卡透支的，如果由给予银行卡的一方承担还款责任，透支数额也应当认定为受贿数额。

九、在行贿犯罪中，"谋取不正当利益"，是指行贿人谋取违反法律、法规、规章或者政策规定的利益，或者要求对方违反法律、法规、规章、政策、行业规范的规定提供帮助或者方便条件。

在招标投标、政府采购等商业活动中，违背公平原则，给予相关人员财物以谋取竞争优势的，属于"谋取不正当利益"。

十、办理商业贿赂犯罪案件，要注意区分贿赂与馈赠的界限。主要应当结合以下因素全面分析、综合判断：

（1）发生财物往来的背景，如双方是否存在亲友关系及历史上交往的情形和程度；

（2）往来财物的价值；

（3）财物往来的缘由、时机和方式，提供财物方对于接受方有无职务上的请托；

（4）接受方是否利用职务上的便利为提供方谋取利益。

十一、非国家工作人员与国家工作人员通谋，共同收受他人财物，构成共同犯罪的，根据双方利用职务便利的具体情形分别定罪追究刑事责任：

（1）利用国家工作人员的职务便利为他人谋取利益的，以受贿罪追究刑事责任。

（2）利用非国家工作人员的职务便利为他人谋取利益的，以非国家工作人员受贿罪追究刑事责任。

（3）分别利用各自的职务便利为他人谋取利益的，按照主犯的犯罪性质追究刑事责任，不能分清主从犯的，可以受贿罪追究刑事责任。

3.《最高人民法院、最高人民检察院关于办理贪污贿赂刑事案件适用法律若干问题的解释》（2016年4月18日）

第十二条 贿赂犯罪中的"财物"，包括货币、物品和财产性利益。财产性利益包括可以折算为货币的物质利益如房屋装修、债务免除等，以及需要支付货币的其他利益如会员服务、旅游等。后者的犯罪数额，以实际支付或者应当支付的数额计算。

4.《全国法院审理经济犯罪案件工作座谈会纪要》（2003年11月13日）

三、关于受贿罪

（一）关于"利用职务上的便利"的认定

刑法第三百八十五条第一款规定的"利用职务上的便利"，既包括利用本人职务上主管、负责、承办某项公共事务的职权，也包括利用职务上有隶属、制约关系的其他国家工作人员的职权。担任单位领导职务的国家工作人员通过不属自己主管的下级部门的国家工作人员的职务为他人谋取利益的，应当认定为"利用职务上的便利"为他人谋取利益。

（二）"为他人谋取利益"的认定

为他人谋取利益包括承诺、实施和实现三个阶段的行为。只要具有其中一个阶段的行为，如国家工作人员收受他人财物时，根据他人提出的具体请托事项，承诺为他人谋取利益的，就具备了为他人谋取利益的要件。明知他人有具体请托事项而收受其财物的，视为承诺为他人谋取利益。

（三）"利用职权或地位形成的便利条件"的认定

刑法第三百八十八条规定的"利用本人职权或者地位形成的便利条件"，是指行为人与被其利用的国家工作人员之间在职务上虽然没有隶属、制约关系，但是行为人利用了本人职权或者地位产生的影响和一定的工作联系，如单位内不同部门的国家工作人员之间、上下级单位没有职务上隶属、制约关系的国家工作人员之间、有工作联系的不同单位的国家工作人员之间等。

（四）离职国家工作人员收受财物行为的处理

参照《最高人民法院关于国家工作人员利用职务上的便利为他人谋取利益离退休后收受财物行为如何处理问题的批复》规定的精神，国家工作人员利用职务上的便利为请托人谋取利益，并与请托人事先约定，在其离职后收受请托人财物，构成犯罪的，以受贿罪定罪处罚。

（五）共同受贿犯罪的认定

根据刑法关于共同犯罪的规定，非国家工作人员与国家工作人员勾结，伙同受贿的，应当以受贿罪的共犯追究刑事责任。非国家工作人员是否构成受贿罪共犯，取决于双方有无共同受贿的故意和行为。国家工作人员的近亲属向国家工作人员代为转达请托事项，收受请托人财物并告知该国家工作人员，或者国家工作人员明知其近亲属收受了他人财物，仍按照近亲属的要求利用职权为他人谋取利益的，对该国家工作人员应认定为受贿罪，其近亲属以受贿罪共犯论处。近亲属以外的其他人与国家工作人员通谋，由国家工作人员利用职务上的便利为请托人谋取利益，收受请托人财物后双方共同占有的，构成受贿罪共犯。国家工作人员利用职务上的便利为他人谋取利益，并指定他人将财物送给其他人，构成犯罪的，应以受贿罪定罪处罚。

（六）以借款为名索取或者非法收受财物行为的认定

国家工作人员利用职务上的便利，以借为名向他人索取财物，或者非法收受财物为他人谋取利益的，应当认定为受贿。具体认定时，不能仅仅看是否有书面借款手续，应当根据以下因素综合判定：

（1）有无正当、合理的借款事由；

（2）款项的去向；

（3）双方平时关系如何、有无经济往来；

（4）出借方是否要求国家工作人员利用职务上的便利为其谋取利益；

（5）借款后是否有归还的意思表示及行为；

（6）是否有归还的能力；

（7）未归还的原因；等等。

（七）涉及股票受贿案件的认定

在办理涉及股票的受贿案件时，应当注意：

（1）国家工作人员利用职务上的便利，索取或非法收受股票，没有支付股本金，为他人谋取利益，构成受贿罪的，其受贿数额按照收受股票时的实际价格计算。

（2）行为人支付股本金而购买较有可能升值的股票，由于不是无偿收受请托人财物，不以受贿罪论处。

（3）股票已上市且已升值，行为人仅支付股本金，其"购买"股票时的实际价格与股本金的差价部分应认定为受贿。

5.《最高人民法院关于国家工作人员利用职务上的便利为他人谋取利益离退休后收受财物行为如何处理问题的批复》（2000年7月13日）

江苏省高级人民法院：

你院苏高法〔1999〕65号《关于国家工作人员在职时为他人谋利，离退休后收受财物是否构成受贿罪的请示》收悉。经研究，答复如下：

国家工作人员利用职务上的便利为请托人谋取利益，并与请托人事先约定，在其离退休后收受请托人财物，构成犯罪的，以受贿罪定罪处罚。

此复。

第三百八十八条之一　利用影响力受贿罪

国家工作人员的近亲属或者其他与该国家工作人员关系密切的人，通过该国家工作人员职务上的行为，或者利用该国家工作人员职权或者地位形成的便利条件，通过其他国家工作人员职务上的行为，为请托人谋取不正当利益，索取请托人财物或者收受请托人财物，数额较大或者有其他较重情节的，处三年以下有期徒刑或者拘役，并处罚金；数额巨大或者有其他严重情节的，处三年以上七年以下有期徒刑，并处罚金；数额特别巨大或者有其他特别严重情节的，处七年以上有期徒刑，并处罚金或者没收财产。

离职的国家工作人员或者其近亲属以及其他与其关系密切的人，利用该离职的国家工作人员原职权或者地位形成的便利条件实施前款行为的，依照前款的规定定罪处罚。[①]

要点提示

本条第一款是关于国家工作人员的近亲属或者其他与该国家工作人员关系密切的人，利用影响力进行受贿犯罪及其处罚的规定。本罪的犯罪主体为与国家工作人员有着某种特定关系的非国家工作人员，包括国家工作人员的近亲属及其他与该国家工作人员关系密切的人。这里规定的近亲属，主要是指夫、妻、父、母、子、女、同胞兄弟姐妹、祖父母、外祖父母、孙子女、外孙子女。这里所说的"谋取不正当利益"，根据《最高人民法院、最高人民检察院关于办理行贿刑事案件具体应用法律若干问题的解释》规定，是指行贿人谋取的利益违反法律、法规、规章、政策规定，或者要求国家工作人员违反法律、法规、规章、政策、行业规范的规定，为自己提供帮助或者方便条件。违背公平、公正原则，在经济、组织人事管理等活动中，谋取竞争优势的，可以认定为"谋取不正当利益。

[①] 根据 2009 年 2 月 28 日《刑法修正案（七）》增加。

第二款是关于离职的国家工作人员或其近亲属以及其他与其关系密切的人，利用影响力进行犯罪及其处罚的规定。"离职"，是指曾经是国家工作人员，但目前的状态是已离开了国家工作人员岗位，包括离休、退休、辞职、辞退等。

❖ 关联规定

1.《刑法》（2023 年 12 月 29 日）

第九十三条　本法所称国家工作人员，是指国家机关中从事公务的人员。

国有公司、企业、事业单位、人民团体中从事公务的人员和国家机关、国有公司、企业、事业单位委派到非国有公司、企业、事业单位、社会团体从事公务的人员，以及其他依照法律从事公务的人员，以国家工作人员论。

2.《最高人民法院、最高人民检察院关于办理贪污贿赂刑事案件适用法律若干问题的解释》（2016 年 4 月 18 日）

第十条　刑法第三百八十八条之一规定的利用影响力受贿罪的定罪量刑适用标准，参照本解释关于受贿罪的规定执行。

刑法第三百九十条之一规定的对有影响力的人行贿罪的定罪量刑适用标准，参照本解释关于行贿罪的规定执行。

单位对有影响力的人行贿数额在二十万元以上的，应当依照刑法第三百九十条之一的规定以对有影响力的人行贿罪追究刑事责任。

第十二条　贿赂犯罪中的"财物"，包括货币、物品和财产性利益。财产性利益包括可以折算为货币的物质利益如房屋装修、债务免除等，以及需要支付货币的其他利益如会员服务、旅游等。后者的犯罪数额，以实际支付或者应当支付的数额计算。

3.《最高人民法院、最高人民检察院关于办理行贿刑事案件具体应用法律若干问题的解释》（2012 年 12 月 26 日）

第十二条　行贿犯罪中的"谋取不正当利益"，是指行贿人谋取的利益违反法律、法规、规章、政策规定，或者要求国家工作人员违反法律、法规、规章、政策、行业规范的规定，为自己提供帮助或者方便条件。

违背公平、公正原则，在经济、组织人事管理等活动中，谋取竞争优势的，应当认定为"谋取不正当利益"。

第三百八十九条　行贿罪

为谋取不正当利益，给予国家工作人员以财物的，是行贿罪。

在经济往来中，违反国家规定，给予国家工作人员以财物，数额较大的，或者违反国家规定，给予国家工作人员以各种名义的回扣、手续费的，以行贿论处。

因被勒索给予国家工作人员以财物，没有获得不正当利益的，不是行贿。

要点提示

行贿犯罪中的"谋取不正当利益"，是指行贿人谋取的利益违反法律、法规、规章、政策规定，或者要求国家工作人员违反法律、法规、规章、政策、行业规范的规定，为自己提供帮助或者方便条件。违背公平、公正原则，在经济、组织人事管理等活动中，谋取竞争优势的，可以认定为"谋取不正当利益"。如果行为人谋取的利益是正当的，是迫于某种压力不得已而给予国家工作人员以财物的，则不构成本款所说的行贿罪。

关联规定

1.《刑法》（2023年12月29日）

第九十三条　本法所称国家工作人员，是指国家机关中从事公务的人员。

国有公司、企业、事业单位、人民团体中从事公务的人员和国家机关、国有公司、企业、事业单位委派到非国有公司、企业、事业单位、社会团体从事公务的人员，以及其他依照法律从事公务的人员，以国家工作人员论。

第三百九十条　对犯行贿罪的，处三年以下有期徒刑或者拘役，并处罚金；因行贿谋取不正当利益，情节严重的，或者使国家利益遭受重大损失的，处三年以上十年以下有期徒刑，并处罚金；情节特别严重的，或者使国家利益遭受特别重大损失的，处十年以上有期徒刑或者无期徒刑，并处罚金或者没收财产。

有下列情形之一的，从重处罚：

（一）多次行贿或者向多人行贿的；

（二）国家工作人员行贿的；

（三）在国家重点工程、重大项目中行贿的；

（四）为谋取职务、职级晋升、调整行贿的；

（五）对监察、行政执法、司法工作人员行贿的；

（六）在生态环境、财政金融、安全生产、食品药品、防灾救灾、社会保障、教育、医疗等领域行贿，实施违法犯罪活动的；

（七）将违法所得用于行贿的。

行贿人在被追诉前主动交待行贿行为的，可以从轻或者减轻处罚。其中，犯罪较轻的，对调查突破、侦破重大案件起关键作用的，或者有重大立功表现的，可以减轻或者免除处罚。

2. 《最高人民法院、最高人民检察院关于办理赌博刑事案件具体应用法律若干问题的解释》（2005年5月13日）

第七条　通过赌博或者为国家工作人员赌博提供资金的形式实施行贿、受贿行为，构成犯罪的，依照刑法关于贿赂犯罪的规定定罪处罚。

3. 《最高人民法院、最高人民检察院关于办理商业贿赂刑事案件适用法律若干问题的意见》（2008年11月20日）

一、商业贿赂犯罪涉及刑法规定的以下八种罪名：

（1）非国家工作人员受贿罪（刑法第一百六十三条）；

（2）对非国家工作人员行贿罪（刑法第一百六十四条）；

（3）受贿罪（刑法第三百八十五条）；

（4）单位受贿罪（刑法第三百八十七条）；

（5）行贿罪（刑法第三百八十九条）；

（6）对单位行贿罪（刑法第三百九十一条）；

（7）介绍贿赂罪（刑法第三百九十二条）；

（8）单位行贿罪（刑法第三百九十三条）。

4.《最高人民法院、最高人民检察院关于办理贪污贿赂刑事案件适用法律若干问题的解释》（2016年4月18日）

第十二条 贿赂犯罪中的"财物"，包括货币、物品和财产性利益。财产性利益包括可以折算为货币的物质利益如房屋装修、债务免除等，以及需要支付货币的其他利益如会员服务、旅游等。后者的犯罪数额，以实际支付或者应当支付的数额计算。

典型案例

1. 陈某某行贿、对有影响力的人行贿、对非国家工作人员行贿案[①]

◎ **关键词**

行贿　对有影响力的人行贿　对非国家工作人员行贿　指定管辖　扫黑除恶

◎ **要旨**

对行贿犯罪与涉黑犯罪相交织，通过行贿帮助黑社会性质组织形成"保护伞"的，要坚决予以严惩。对于一人犯数罪等关联犯罪案件，分别由不同地方的监察机关、公安机关调查、侦查后移送审查起诉的，应当统筹起诉、审判管辖。经审查起诉，拟改变罪名的，检察机关应当及时与监察机关沟通，依法处理。

◎ **基本案情**

被告人陈某某，男，1968年9月出生，汉族，东某实业有限公司实际

[①] 《行贿犯罪典型案例（第二批）》之一，载最高人民检察院网站，https：//www.spp.gov.cn/xwfbh/wsfbt/202303/t20230329_609053.shtml#2，2024年1月5日访问。

控制人。

（一）行贿罪。2008年至2018年，陈某某多次给予时任某市某镇镇长陈某军（已判决）、某市某镇党委书记陈某阵（已判决）、某市公安局某分局刑警大队大队长黎某某（已判决）财物折合共计458.35万余元人民币（币种下同），以帮助其在承揽工程项目、违规流转土地及其领导的黑社会性质组织成员逃避刑事处罚等方面谋取不正当利益。

（二）对有影响力的人行贿罪。2008年至2019年，陈某某多次给予时任某市党委主要领导的司机麦某（已判决）财物折合共计458.57万余元。陈某某在麦某的帮助下，利用某市党委主要领导的职权和地位形成的便利条件，并通过某县发展改革委主任许某等人职务上的行为，在承揽工程项目等方面谋取不正当利益。

（三）对非国家工作人员行贿罪。2010年至2011年，陈某某多次给予时任某市某镇某村党支部书记熊某某（已判决）钱款共计200万元，以帮助其实际控制的东某实业有限公司在办理土地经营权流转方面谋取不正当利益。

陈某某涉嫌组织、领导黑社会性质组织、故意伤害等犯罪（具体事实略），经海口市公安局侦查终结移送审查起诉，海口市人民检察院于2020年9月27日向海口市中级人民法院提起公诉。2020年12月21日，海口市中级人民法院一审判处陈某某死刑，缓期二年执行，剥夺政治权利终身，并处没收个人全部财产。

陈某某涉嫌行贿罪、对非国家工作人员行贿罪，由海南省三亚市监察委员会调查终结，于2020年10月19日向三亚市人民检察院移送审查起诉。三亚市人民检察院于10月22日将本案移送海口市人民检察院审查起诉。同年11月17日，海口市人民检察院以陈某某涉嫌行贿罪、对有影响力的人行贿罪、对非国家工作人员行贿罪提起公诉。2021年7月26日，海口市中级人民法院作出一审判决，以行贿罪判处陈某某有期徒刑十一年，并处罚金九十万元；以对有影响力的人行贿罪判处其有期徒刑六年，并处罚金八十万元；以对非国家工作人员行贿罪判处其有期徒刑四年，并处罚金六十万元；数罪并罚决定执行有期徒刑十七年，并处罚金二百三十万元。与前犯组织、领导黑社会性质组织罪、故意伤害罪等数罪并罚，决定执行死刑，缓期二年执行，剥夺政治权利终身，并处没收个人全部财产。一审判决后，被告人陈某某未上诉，判决已生效。

◎ 监察、检察履职情况

（一）依法办理互涉案件司法管辖，统筹做好主案和关联案件审查起诉工作。本案中，陈某某犯罪性质恶劣、影响重大，且一人犯数罪，分别由不同地方的监察机关、公安机关调查、侦查，且办案时间、阶段存在不同。为保证案件衔接顺畅，监察机关加强与公安机关的协调工作，强化对全案的统筹指导，就案件调查、侦查工作进度及司法管辖等事项及时与检察机关沟通。在陈某某涉黑、故意伤害等犯罪案件已由海口市人民检察院提起公诉后，检察机关及时商请审判机关将陈某某涉嫌行贿犯罪一并指定海口市司法机关管辖，以利于查明全案事实及此罪与彼罪的关联问题，确保总体把握案情和正确适用法律。

（二）审查起诉过程中强化监检配合，补充完善证据，准确认定罪名。监察机关以陈某某涉嫌行贿罪、对非国家工作人员行贿罪移送起诉，检察机关经审查发现，行贿罪中，陈某某向麦某行贿的犯罪事实定性可能不准确，向监察机关提出意见。监察机关经补证，查明麦某是时任某市主要领导的专职司机，系与国家机关签订劳务合同的聘用人员，不具有国家工作人员身份，工作职责也不属于从事公务；其主要利用与领导的密切关系以及领导司机的特殊身份，直接或通过该领导向其他国家工作人员打招呼，帮助陈某某在承揽工程项目等方面获取不正当利益。检察机关经与监察机关沟通，认定为对有影响力的人行贿罪，起诉后得到审判机关判决的确认。

（三）综合全案犯罪情节，依法提出从严惩处的量刑建议。检察机关综合考虑陈某某行贿类犯罪与涉黑犯罪之间的关系，认为其行贿行为谋取的利益，既有为其领导的黑社会性质组织谋取经济来源，也有帮助该黑社会性质组织的成员逃避法律追究，具有"向三人以上行贿""将违法所得用于行贿""向司法工作人员行贿，影响司法公正"等情形，犯罪性质恶劣、社会危害性大，应当予以严惩，依法向审判机关精准提出量刑建议，并获审判机关判决支持,取得良好办案效果。

◎ 典型意义

(一) 办理行贿案件和关联案件过程中,应当统筹确定司法管辖。对于一人犯数罪等关联犯罪案件,由不同地方的监察机关、侦查机关分别调查、侦查的,监察机关、检察机关应当加强沟通,从保证整体办案效果出发,统筹提出司法管辖的意见,由检察机关及时商请人民法院办理。一般应当坚持随主案确定管辖的原则,由受理主案的司法机关一并管辖关联案件,确保案件统一认定、妥善处理。

(二) 应当注重审查不同类型行贿犯罪的区别,检察机关拟改变定性的,应当及时与监察机关沟通,依法处理。对涉嫌行贿犯罪的,检察机关应当注意审查受贿人主体身份、职责范围、涉案人关系等方面证据,依法准确认定罪名。对于受贿人不属于国家工作人员的,不能认定为刑法第三百八十九条规定的行贿罪,应根据其实际身份及与国家工作人员的关系,符合第一百六十四条、第三百九十条之一规定的,分别认定为对非国家工作人员行贿罪、对有影响力的人行贿罪。在审查起诉中,检察机关发现监察机关移送审查起诉时认定的罪名可能定性不准的,应当及时与监察机关沟通,根据查明的事实依法准确认定罪名。

(三) 办理行贿犯罪案件,检察机关应当根据犯罪事实、性质、情节和社会危害程度,依法提出量刑建议。对行贿犯罪与涉黑犯罪相交织,通过行贿帮助黑社会性质组织形成"保护伞"的,要坚决予以严惩。检察机关应综合考量谋取不正当利益的性质、所涉领域、国家和人民利益遭受损失等情况,依法提出从重处罚的量刑建议。

◎ 相关规定

《中华人民共和国刑法》第三百八十九条、第三百九十条、第三百九十条之一、第一百六十四条第一款

《中华人民共和国监察法》第四十五条

2. 郭某某行贿案[①]

◎ **关键词**

行贿　矿产资源领域　"家族式"腐败　宽严相济

◎ **要旨**

矿产资源领域资金密集、利润巨大，行政审批环节多、权力集中，是行贿受贿易发多发重点领域，监察机关、检察机关要加强对矿产资源领域行贿受贿犯罪的查办。对于严重破坏政治生态、经济生态的"家族式"腐败，必须坚决予以惩处。

◎ **基本案情**

被告人郭某某，男，1969年2月出生，汉族，某市某矿业有限公司法定代表人。

2007年至2013年，郭某某为在矿山工程承揽、收购公司股份、矿山经营等过程中获取不正当利益，给予时任某省地质矿产勘查开发局副局长、某地矿资源股份有限公司（以下简称地矿公司）董事长、某省有色地质局局长等职务的郭某生（郭某某哥哥，已判决）房产、车辆及现金等财物折合共计2832.74万元人民币（币种下同）。

2012年，郭某某为感谢担任地矿公司财务总监的邓某某（已判决）利用其职务便利，在公司注册、收购地矿公司股份、入股并经营某矿业公司等事项上提供帮助，多次给予邓某某财物折合共计1721.8万元。

2007年1月至4月、2011年至2013年，郭某某为感谢担任某云矿金业公司总经理的和某某（已判决）在收购矿山和矿山经营开发中获取不正当利益提供帮助，先后多次给予和某某现金共计973万元。

综上，郭某某为谋取不正当利益，给予国家工作人员财物折合共计5527.54万元。

本案由云南省玉溪市江川区监察委员会调查终结，于2018年12月26日移送江川区人民检察院审查起诉。2019年2月22日，江川区人民检察

[①] 《行贿犯罪典型案例（第二批）》之二，载最高人民检察院网站，https://www.spp.gov.cn/xwfbh/wsfbt/202303/t20230329_609053.shtml#2，2024年1月5日访问。

院以郭某某涉嫌行贿罪向江川区人民法院提起公诉。同年9月5日，江川区人民法院以行贿罪判处郭某某有期徒刑五年，并处罚金五十万元。判决宣告后，郭某某提出上诉。玉溪市中级人民法院于2020年12月17日裁定撤销原判，发回重审。2021年12月24日，江川区人民法院判决认定郭某某构成行贿罪，因其具有自首、立功等情节，判处郭某某有期徒刑四年六个月。郭某某未再提出上诉，判决生效。

◎ **监察、检察履职情况**

（一）仔细研判犯罪主体，准确把握案件定性。本案中，郭某某是在经营某矿业公司时向其兄郭某生及邓某某等人行贿，案件性质认定上存在个人行贿还是单位行贿的分歧。检察机关经认真审查案件证据，并与监察机关充分沟通后，认为郭某某实施行贿的主观故意系其本人产生，没有通过集体讨论等方式形成单位意见，是郭某某个人意志的体现。同时，用于行贿的资金全部来自公司所得利润分配给郭某某个人所有的钱款，并未使用公司款项，也未经过公司财务管理系统，且行贿所得利益归属其个人。综合全案证据，检察机关依法以郭某某涉嫌行贿罪提起公诉，法院判决确认。

（二）全面审查认定事实，依法严惩行贿行为。监察机关、检察机关相互配合、全面梳理、核实犯罪事实，依法认定行贿受贿双方内外勾结造成国有资产流失的情况。经过逐项梳理郭某某行贿犯罪事实，发现其利用郭某生的职务便利及职务影响力，获取郭某生及其他公职人员的帮助并进行利益输送，在收购和经营国有矿产资源过程中获取高额利润，导致4800余万元国有资产流失，严重影响矿产资源勘探开发秩序。由于行贿对象涉及多个国家机关和国有矿产企业的公职人员，行贿次数多、时间跨度长，行贿财物除了货币外，还有房产、商铺、车辆等巨额财物，加之行贿受贿双方利用亲情关系，采用代为持有等较为隐蔽的手段收受财物，给事实的认定带来较大困难。监察机关、检察机关充分运用工作会商机制，加强协商研判，认定他人代持的房产、车辆等涉案财物应当计入行贿数额。如郭某某的妻子代为持有的价值220万余元的别墅和商铺、落户在郭某生女婿名下的价值100余万元的车辆均被依法认定为贿赂所得，并最终被法院判决所确认。

（三）适用认罪认罚从宽制度，落实宽严相济刑事司法政策。本案行贿数额高达 5527.54 万元，且具有向三人以上行贿、造成国有资产流失等情况，应当认定为"情节特别严重"。但郭某某在调查期间认罪态度较好且有积极悔罪表现，主动交代了监察机关尚未掌握的其向郭某生行贿 2152.49 万元的事实，供述始终稳定，积极协助监察机关追缴涉案款物，对与本案相关的其他系列案件顺利查办起到关键性作用。其还在调查期间主动揭发他人犯罪行为且经查证属实，构成立功。审查起诉阶段，检察机关在准确认定案件性质、事实及量刑情节的基础上，多次向郭某某详细说明认定罪名和量刑建议的法律规定，充分释法说理，郭某某愿意认罪认罚，并在辩护人的见证下自愿签署了认罪认罚具结书。检察机关提起公诉时，依法建议对其从轻或者减轻处罚。法院作出重审一审判决后，被告人郭某某认罪服法。

◎ **典型意义**

（一）坚持受贿行贿一起查，加大对重点领域行贿犯罪查办力度。国有企业尤其是矿产企业经营过程中，涉及资金量大，专业性强，监管难度较大。监察机关、检察机关要紧盯重点领域，加大办案力度。办理矿产资源领域行贿受贿案件时，要积极争取自然资源、审计等相关职能部门的支持，进一步强化协作配合。监察机关在办案中遇到证据收集、事实认定、案件定性、法律适用等问题，可以向行政机关进行咨询，听取检察机关意见或者邀请检察机关提前介入，也可以组织进行研究论证，共同形成打击行贿犯罪的合力。

（二）准确把握单位行贿罪与行贿罪的区分，从意志体现及利益归属两方面依法予以认定。对于公司、企业主管人员或实际控制人行贿的，应当结合单位性质、组织管理机制、资金来源、犯罪收益归属等进行综合判断，准确区分认定行贿罪及单位行贿罪。行贿罪的犯罪故意产生于行贿人自身，而非来源于单位意志，行贿所得利益亦归属于行贿人个人；单位行贿罪是出于单位意志，获取的不正当利益归属于单位。对于以单位名义行贿，而利益归个人所有的，应当认定为自然人犯罪。

（三）斩断腐败问题利益链，依法惩治"家族式"腐败。"家族式"腐败作案手段较为隐蔽，依仗领导干部的权力和影响力，以亲情为链条，通过经商办企业谋取私利，严重破坏政治生态和经济生态，危害极大。针对"家族式"腐败的特点，监察机关、检察机关要加大调查、审查力度，重点关注亲属间的资金流向、财产状况、关联企业等情况，全面分析腐败问题背后的利益链，深挖建立在亲情关系基础上权钱交易行为或者问题线索，营造和弘扬崇尚廉洁、抵制腐败的良好风尚。

◎ **相关规定**

《中华人民共和国刑法》第三百八十九条、第三百九十条

《中华人民共和国刑事诉讼法》第十五条、第一百七十六条

《中华人民共和国监察法》第四十五条

3. 河南高某某行贿案[①]

◎ **要旨**

监察机关与检察机关要加强衔接配合，对医疗药品等重点领域多次行贿、巨额行贿违法犯罪行为，依法惩处，形成联合惩戒行贿犯罪的工作合力。要贯彻宽严相济刑事政策，准确认定从宽情节，积极适用认罪认罚从宽制度办理。要注重综合运用多种措施及适用刑罚，从提高违法犯罪经济成本上进一步遏制行贿犯罪，提高打击行贿的精准性、有效性。

◎ **典型意义**

（一）从严查办涉及民生的重点领域行贿犯罪，切实增强人民群众的获得感幸福感安全感。办理行贿案件时要突出重点，对医疗药品等民生领域的巨额行贿、多次行贿，进一步加大打击力度。特别是针对行贿人为谋取不正当利益，对重点领域国家工作人员竭力腐蚀，严重扰乱市场经济秩序，严重影响人民群众的获得感幸福感安全感的行贿犯罪，要依法从严予以打击，切实推动有关行业顽瘴痼疾的整改，全面落实以人民为中心的发展理念。

（二）全面考虑行贿犯罪事实、情节，严格落实宽严相济刑事政策。在依法追究行贿犯罪时，检察机关要在全面审查案件事实的基础上，主动

[①] 《行贿犯罪典型案例》之四，载最高人民检察院网站，https：//www.spp.gov.cn/xwfbh/dxal/202204/t20220420_554596.shtml，2024年1月5日访问。

及时与监察机关做好衔接，对证据的收集达成一致意见，完善证据体系，切实提高依法打击行贿犯罪的精准性、有效性。既应突出依法从严打击的工作导向，也要注意结合案件事实、证据情况，依法准确认定各种从轻、减轻处罚情节，积极适用认罪认罚从宽制度，实现贿赂犯罪查处的惩治与预防效果。

（三）要注重对行贿犯罪的综合治理，切实增强办案效果。行贿人不择手段"围猎"党员干部的根本原因在于谋取不正当利益。在行贿犯罪案件办理中必须注重综合治理，在依法维护被告人合法权益的基础上，高度重视依法适用财产刑，有针对性地提高行贿人的违法犯罪成本，遏制行贿利益驱动，从根本上预防行贿，最大化实现办案政治效果、社会效果和法律效果的有机统一。

4. 四川刘某富行贿、非法采矿案[①]

◎ **要旨**

检察机关在办理公安机关移送案件的过程中，发现行为人可能涉嫌监察机关管辖的职务犯罪的，应当依照规定将线索移送监察机关。监察机关为主调查互涉案件时，应当统筹协调调查、侦查、审查起诉进度，并就事实认定、法律适用等重要事项进行充分论证，确保关联的受贿行贿案件均衡适用法律。检察机关对监察机关、公安机关分别移送起诉的互涉案件，可以依职权并案处理。在办案中应当注重追赃挽损，依法处理行贿犯罪违法所得及有关不正当利益，不让行贿人从中获利。

◎ **典型意义**

（一）检察机关在办案中发现行贿受贿等职务犯罪问题线索，应当依照规定移送监察机关。检察机关在案件办理和履行法律监督职能过程中，发现行为人可能涉嫌监察机关管辖的职务犯罪的，应当依法严格落实线索移送、职能管辖等规定，向监察机关移送问题线索，或建议有关部门向监

[①] 《行贿犯罪典型案例》之五，载最高人民检察院网站，https://www.spp.gov.cn/xwfbh/dxal/202204/t20220420_554596.shtml，2024年1月5日访问。

察机关移送线索，形成惩治腐败工作合力。对于在提前介入侦查工作中发现行贿犯罪线索的，引导公安机关及时固定证据线索，共同做好线索移送工作。特别是针对在国家重要工作、重点工程、重大项目中的行贿犯罪，应当建议依法严肃查处，精准推进受贿行贿一起查。

（二）监察机关办理互涉案件承担为主调查职责的，要统筹组织协调调查、侦查工作，形成反腐败合力。为主调查的监察机关承担组织协调职责，统筹调查和侦查工作进度、协调调查留置措施和刑事强制措施的衔接适用、协商重要调查和侦查措施使用等重要事项。办理互涉案件的公安机关、检察机关，要主动及时向监察机关通报相关案件的办理情况，以便监察机关能够及时全面掌握互涉案件办理情况。相关办案单位应注重形成合力，全面准确认定犯罪事实和涉嫌罪名，确保互涉案件在办案程序、事实认定和法律适用等各方面做到统一均衡。

（三）检察机关对监察机关、公安机关分别移送起诉的互涉案件，可以依职权并案处理，注意做好补查的衔接工作。检察机关应当加强与监察机关、公安机关沟通，协调互涉案件的移送起诉进度，符合并案条件的，在分别受理审查起诉后及时并案处理。需要退回补充调查、退回补充侦查的，检察机关应同时将案件分别退回监察机关、公安机关，并统筹做好程序衔接。符合自行补查条件的，经与监察机关沟通一致，检察机关可以开展自行补充侦查，完善证据体系。

（四）多措并举，依法处理行贿违法所得及有关不正当利益，不让犯罪分子从中获利。加大追赃挽损力度，对行贿犯罪违法所得以及与行贿犯罪有关的不正当利益，应当通过监察执法、刑事处罚、行政处罚等多种方式依法综合运用予以处理，确保任何人不能从行贿等违法犯罪活动中获取非法利益，最大程度为国家挽回损失。

第三百九十条　对行贿罪的处罚

对犯行贿罪的，处三年以下有期徒刑或者拘役，并处罚金；因行贿谋取不正当利益，情节严重的，或者使国家利益遭受重大损失的，处三年以上十年以下有期徒刑，并处罚金；情节特别严重的，或者使国家利益遭受特别重大损失的，处十年以上有期徒刑或者无期徒刑，并处罚金或者没收财产。

有下列情形之一的，从重处罚：

（一）多次行贿或者向多人行贿的；

（二）国家工作人员行贿的；

（三）在国家重点工程、重大项目中行贿的；

（四）为谋取职务、职级晋升、调整行贿的；

（五）对监察、行政执法、司法工作人员行贿的；

（六）在生态环境、财政金融、安全生产、食品药品、防灾救灾、社会保障、教育、医疗等领域行贿，实施违法犯罪活动的；

（七）将违法所得用于行贿的。

行贿人在被追诉前主动交待行贿行为的，可以从轻或者减轻处罚。其中，犯罪较轻的，对调查突破、侦破重大案件起关键作用的，或者有重大立功表现的，可以减轻或者免除处罚。[①]

[①] 根据 2015 年 8 月 29 日《刑法修正案（九）》第一次修改。原条文为："对犯行贿罪的，处五年以下有期徒刑或者拘役；因行贿谋取不正当利益，情节严重的，或者使国家利益遭受重大损失的，处五年以上十年以下有期徒刑；情节特别严重的，处十年以上有期徒刑或者无期徒刑，可以并处没收财产。

"行贿人在被追诉前主动交待行贿行为的，可以减轻处罚或者免除处罚。"

根据 2023 年 12 月 29 日《刑法修正案（十二）》第二次修改。原条文为："对犯行贿罪的，处五年以下有期徒刑或者拘役，并处罚金；因行贿谋取不正当利益，情节严重的，或者使国家利益遭受重大损失的，处五年以上十年以下有期徒刑，并处罚金；情节特别严重的，或者使国家利益遭受特别重大损失的，处十年以上有期徒刑或者无期徒刑，并处罚金或者没收财产。

"行贿人在被追诉前主动交待行贿行为的，可以从轻或者减轻处罚。其中，犯罪较轻的，对侦破重大案件起关键作用的，或者有重大立功表现的，可以减轻或者免除处罚。"

要点提示

《刑法修正案（十二）》修改完善了本条对于行贿罪的处罚规定。行贿罪的最高刑是无期徒刑，在法定刑上体现了严厉惩治。这次修改主要是将确定要重点查处的行贿行为在立法上进一步加强惩治，增加一款规定：对多次行贿、向多人行贿，国家工作人员行贿等七类情形从重处罚。同时，调整行贿罪的起刑点和刑罚档次，与受贿罪相衔接。

关联规定

1.《刑法》（2023 年 12 月 29 日）

第三百八十九条　为谋取不正当利益，给予国家工作人员以财物的，是行贿罪。

在经济往来中，违反国家规定，给予国家工作人员以财物，数额较大的，或者违反国家规定，给予国家工作人员以各种名义的回扣、手续费的，以行贿论处。

因被勒索给予国家工作人员以财物，没有获得不正当利益的，不是行贿。

2.《最高人民法院、最高人民检察院关于办理行贿刑事案件具体应用法律若干问题的解释》（2012 年 12 月 26 日）

第一条　为谋取不正当利益，向国家工作人员行贿，数额在一万元以上的，应当依照刑法第三百九十条的规定追究刑事责任。

第二条　因行贿谋取不正当利益，具有下列情形之一的，应当认定为刑法第三百九十条第一款规定的"情节严重"：

（一）行贿数额在二十万元以上不满一百万元的；

（二）行贿数额在十万元以上不满二十万元，并具有下列情形之一的：

1. 向三人以上行贿的；
2. 将违法所得用于行贿的；
3. 为实施违法犯罪活动，向负有食品、药品、安全生产、环境保护等监督管理职责的国家工作人员行贿，严重危害民生、侵犯公众生命财产安全的；

4. 向行政执法机关、司法机关的国家工作人员行贿，影响行政执法和司法公正的；

（三）其他情节严重的情形。

第三条 因行贿谋取不正当利益，造成直接经济损失数额在一百万元以上的，应当认定为刑法第三百九十条第一款规定的"使国家利益遭受重大损失"。

第四条 因行贿谋取不正当利益，具有下列情形之一的，应当认定为刑法第三百九十条第一款规定的"情节特别严重"：

（一）行贿数额在一百万元以上的；

（二）行贿数额在五十万元以上不满一百万元，并具有下列情形之一的：

1. 向三人以上行贿的；

2. 将违法所得用于行贿的；

3. 为实施违法犯罪活动，向负有食品、药品、安全生产、环境保护等监督管理职责的国家工作人员行贿，严重危害民生、侵犯公众生命财产安全的；

4. 向行政执法机关、司法机关的国家工作人员行贿，影响行政执法和司法公正的；

（三）造成直接经济损失数额在五百万元以上的；

（四）其他情节特别严重的情形。

第五条 多次行贿未经处理的，按照累计行贿数额处罚。

第六条 行贿人谋取不正当利益的行为构成犯罪的，应当与行贿犯罪实行数罪并罚。

第七条 因行贿人在被追诉前主动交待行贿行为而破获相关受贿案件的，对行贿人不适用刑法第六十八条关于立功的规定，依照刑法第三百九十条第二款的规定，可以减轻或者免除处罚。

单位行贿的，在被追诉前，单位集体决定或者单位负责人决定主动交待单位行贿行为的，依照刑法第三百九十条第二款的规定，对单位及相关责任人员可以减轻处罚或者免除处罚；受委托直接办理单位行贿事项的直接责任人员在被追诉前主动交待自己知道的单位行贿行为的，对该直接责任人员可以依照刑法第三百九十条第二款的规定减轻处罚或者免除处罚。

第八条 行贿人被追诉后如实供述自己罪行的，依照刑法第六十七条第三款的规定，可以从轻处罚；因其如实供述自己罪行，避免特别严重后果发生的，可以减轻处罚。

第九条 行贿人揭发受贿人与其行贿无关的其他犯罪行为，查证属实的，依照刑法第六十八条关于立功的规定，可以从轻、减轻或者免除处罚。

第十条 实施行贿犯罪，具有下列情形之一的，一般不适用缓刑和免予刑事处罚：

（一）向三人以上行贿的；
（二）因行贿受过行政处罚或者刑事处罚的；
（三）为实施违法犯罪活动而行贿的；
（四）造成严重危害后果的；
（五）其他不适用缓刑和免予刑事处罚的情形。

具有刑法第三百九十条第二款规定的情形的，不受前款规定的限制。

第十一条 行贿犯罪取得的不正当财产性利益应当依照刑法第六十四条的规定予以追缴、责令退赔或者返还被害人。

因行贿犯罪取得财产性利益以外的经营资格、资质或者职务晋升等其他不正当利益，建议有关部门依照相关规定予以处理。

第十二条 行贿犯罪中的"谋取不正当利益"，是指行贿人谋取的利益违反法律、法规、规章、政策规定，或者要求国家工作人员违反法律、法规、规章、政策、行业规范的规定，为自己提供帮助或者方便条件。

违背公平、公正原则，在经济、组织人事管理等活动中，谋取竞争优势的，应当认定为"谋取不正当利益"。

第十三条 刑法第三百九十条第二款规定的"被追诉前"，是指检察机关对行贿人的行贿行为刑事立案前。

3.《最高人民法院、最高人民检察院关于办理贪污贿赂刑事案件适用法律若干问题的解释》（2016 年 4 月 18 日）

第七条　为谋取不正当利益，向国家工作人员行贿，数额在三万元以上的，应当依照刑法第三百九十条的规定以行贿罪追究刑事责任。

行贿数额在一万元以上不满三万元，具有下列情形之一的，应当依照刑法第三百九十条的规定以行贿罪追究刑事责任：

（一）向三人以上行贿的；

（二）将违法所得用于行贿的；

（三）通过行贿谋取职务提拔、调整的；

（四）向负有食品、药品、安全生产、环境保护等监督管理职责的国家工作人员行贿，实施非法活动的；

（五）向司法工作人员行贿，影响司法公正的；

（六）造成经济损失数额在五十万元以上不满一百万元的。

第八条　犯行贿罪，具有下列情形之一的，应当认定为刑法第三百九十条第一款规定的"情节严重"：

（一）行贿数额在一百万元以上不满五百万元的；

（二）行贿数额在五十万元以上不满一百万元，并具有本解释第七条第二款第一项至第五项规定的情形之一的；

（三）其他严重的情节。

为谋取不正当利益，向国家工作人员行贿，造成经济损失数额在一百万元以上不满五百万元的，应当认定为刑法第三百九十条第一款规定的"使国家利益遭受重大损失"。

第九条　犯行贿罪，具有下列情形之一的，应当认定为刑法第三百九十条第一款规定的"情节特别严重"：

（一）行贿数额在五百万元以上的；

（二）行贿数额在二百五十万元以上不满五百万元，并具有本解释第七条第二款第一项至第五项规定的情形之一的；

（三）其他特别严重的情节。

为谋取不正当利益，向国家工作人员行贿，造成经济损失数额在五百万元以上的，应当认定为刑法第三百九十条第一款规定的"使国家利益遭受特别重大损失"。

第十四条 根据行贿犯罪的事实、情节，可能被判处三年有期徒刑以下刑罚的，可以认定为刑法第三百九十条第二款规定的"犯罪较轻"。

根据犯罪的事实、情节，已经或者可能被判处十年有期徒刑以上刑罚的，或者案件在本省、自治区、直辖市或者全国范围内有较大影响的，可以认定为刑法第三百九十条第二款规定的"重大案件"。

具有下列情形之一的，可以认定为刑法第三百九十条第二款规定的"对侦破重大案件起关键作用"：

（一）主动交待办案机关未掌握的重大案件线索的；

（二）主动交待的犯罪线索不属于重大案件的线索，但该线索对于重大案件侦破有重要作用的；

（三）主动交待行贿事实，对于重大案件的证据收集有重要作用的；

（四）主动交待行贿事实，对于重大案件的追逃、追赃有重要作用的。

4.《最高人民法院、最高人民检察院关于办理赌博刑事案件具体应用法律若干问题的解释》（2005年5月13日）

第七条 通过赌博或者为国家工作人员赌博提供资金的形式实施行贿、受贿行为，构成犯罪的，依照刑法关于贿赂犯罪的规定定罪处罚。

❂ 典型案例

1. 马某某、徐某某等九人系列行贿案[①]

◎ **关键词**

行贿　交通执法　洗钱　立案监督　监检配合　溯源治理

◎ **要旨**

检察机关在提前介入受贿案件时，发现行贿犯罪人线索，应当向监察

---

① 《行贿犯罪典型案例（第二批）》之三，载最高人民检察院网站，https://www.spp.gov.cn/xwfbh/wsfbt/202303/t20230329_609053.shtml#2，2024年1月5日访问。

机关提出意见建议。对监察机关依法移送公安机关的洗钱等刑事犯罪线索，检察机关应履行立案监督职责，促使公安机关及时依法立案侦查。对案件暴露出的相关单位廉政、履职中的普遍性、倾向性问题，监察机关、检察机关可以督促相关单位进行整改。

◎ **基本案情**

被告人马某某、徐某某等9人，系从事汽车维修、高速公路停车场运营、车辆年审服务等业务的社会人员。

2017年1月至2018年10月，马某某、徐某某等9人分别多次请托某市公安局高速交警支队某大队交通民警刘某（已判决），由刘某利用负责查处车辆违法的职务便利，对其大队查处的违法车辆予以放行，帮助违法人员逃避处罚。为感谢刘某的帮助，马某某、徐某某等9人分别向刘某行贿3.58万元人民币（币种下同）至15.34万元不等。

2019年4月17日至2020年3月30日，山东省济南市历下区监察委员会陆续将马某某、徐某某等9人以涉嫌行贿罪移送济南市历下区人民检察院审查起诉。历下区人民检察院经审查，均适用认罪认罚从宽制度。案件提起公诉之后，济南市历下区人民法院全部采纳量刑建议，于2019年7月15日至2020年8月28日，分别以行贿罪判处马某某、徐某某等9人有期徒刑六个月、缓刑一年至有期徒刑十个月不等，分别并处罚金十万元。判决均已生效。

◎ **监察、检察履职情况**

（一）准确把握案件定性，严厉打击交通执法领域行贿犯罪。监察机关对刘某受贿案立案调查时，就案件定性、取证方向等听取检察机关意见。检察机关认为，刘某涉嫌受贿罪，同时基于案件存在的每笔行贿数额仅有几千元，而对应的货车司机及车主数量众多，与受贿人刘某无直接接触，范围遍布全国，放行后不再与相关人员进行联系等具体情况，分析提出可以将马某某、徐某某等人确定为行贿人的调查方向。监察机关根据马某某、徐某某等人以谋取不正当利益为目的直接给付刘某钱款，累计数额较高的具体事实，考虑到此类交通执法领域"黑中介""车虫"的行为具有严重的社会危害性，应当予以打击，采纳检察机关意见，对本案9名涉案"黑中介"全部以行贿罪立案调查。监察机关、检察机关加强沟通配合，明确将转账记录、交易凭证及微信聊天记录等电子数据及行贿人供述与辩解、相关货车司机的证言等作为重点取证内容，为深入调查指明方向。

（二）移送洗钱犯罪线索，监督公安机关立案侦查。本案中，证人陈某雷应刘某要求，曾办理一张银行卡供刘某用于收取贿赂款。刘某在被调查期间，为掩饰收受贿赂行为，安排陈某雷将卡内赃款46万元取现转移，并将账户销户。经审查，陈某雷明知刘某为规避组织调查，银行卡内款项可能系受贿所得，仍实施上述行为，涉嫌洗钱犯罪。监察机关履行互涉案件组织协调职责，将该线索移送公安机关，检察机关监督公安机关对该案立案侦查。陈某雷最终被法院以洗钱罪判处有期徒刑一年，缓刑一年，并处罚金二万五千元。

（三）强化溯源治理，有针对性地制发检察建议。为积极服务保障中心大局，从源头上减少该类犯罪，检察机关向某市高速交警部门制发检察建议书，建议高速交警部门强化廉政教育、完善执法权监督制约机制。该市高速交警部门立即开展警示教育和自查自纠工作，专门邀请办案检察官在全市交警系统中层培训班开展专题授课，并对漠视群众利益、乱作为的交警进行调离，对发现的曾有乱收费行为的交警给予党纪政务处分，取得良好效果。

◎ **典型意义**

（一）加大行贿案件查处力度，对危害严重的行贿犯罪零容忍。监察机关、检察机关在打击受贿犯罪的同时，要积极能动履职，重视依法查办行贿犯罪。对多次行贿、向执法司法人员行贿的，依法加大惩处力度，斩断各种形式的行贿受贿链条，净化执法司法环境。

（二）强化"双查"意识，同步审查洗钱犯罪线索。监察机关、检察机关在调查、审查贿赂案件时，要注重调取审查犯罪所得及其收益的来源、性质及去向的相关证据，如资金的转账、交易记录等，注意分析发现洗钱犯罪线索，并做好线索的移送和跟踪监督工作，更加有力地惩治犯罪。

（三）注重发挥源头治理作用，努力做到"办理一案、治理一片"。监察机关、检察机关根据案件反映出的问题，从多发、频发案件中发现深层次原因，可以通过制发监察建议书、检察建议书的方式，督促相关单位积极整改，加强廉政教育和建章立制工作，并有针对性地开展法治宣传、廉政宣讲，有效推进执法环境改善。

◎ **相关规定**

《中华人民共和国刑法》第三百八十九条、第三百九十条、第一百九十一条

《中华人民共和国监察法》第四十五条

2. 张某、陆某行贿案[①]

◎ **关键词**

行贿　追赃挽损　财产刑运用　纠正不正当非财产性利益　能动履职

◎ **要旨**

监察机关、检察机关要落实受贿行贿一起查的精神，强化协作配合，提高线索处置效率。加大对行贿犯罪所获不正当利益的追缴力度及财产刑的运用，纠正不正当非财产性利益。针对办案中发现的突出问题，积极能动履职、延伸职能，共同做好督促涉案单位整改落实工作。

◎ **基本案情**

被告人张某，女，1962年2月出生，汉族，退休职工。

被告人陆某，男，1961年11月出生，汉族，某职业技术培训中心员工。

2015年至2016年，被告人张某、陆某分别向担任某市城乡建设和管理委员会人才服务考核评价中心（以下简称考评中心）信息网络管理员的江某（已判决）请托，由江某利用其负责整理、报送本市建筑施工企业主要负责人、项目负责人和专职安全生产管理人员安全生产知识考试（以下简称三类人员考试）成绩数据的职务便利，私自将张某提供的278名、陆某提供的236名人员信息添加至其报送的数据中，并虚构考试合格成绩，帮助上述共计514人在未参加考试的情况下，获得三类人员考试合格成绩及《安全生产考核合格证书》。后张某先后52次给予江某共计32.89万元

[①] 《行贿犯罪典型案例（第二批）》之四，载最高人民检察院网站，https://www.spp.gov.cn/xwfbh/wsfbt/202303/t20230329_609053.shtml#2，2024年1月5日访问。

人民币（币种下同），陆某先后57次给予江某共计29.75万元，张某从中获利18.48万元，陆某从中获利4.12万元。

张某、陆某行贿案分别由上海市黄浦区监察委员会调查终结，上海市黄浦区人民检察院于2019年9月29日以行贿罪分别对张某、陆某提起公诉。同年10月25日，黄浦区人民法院作出一审判决，以行贿罪判处张某有期徒刑一年四个月，缓刑一年四个月，并处罚金十万元；以行贿罪判处陆某有期徒刑一年三个月，缓刑一年三个月，并处罚金十万元。一审判决后，被告人张某、陆某均未上诉，判决已生效。

◎ 监察、检察履职情况

（一）全面履行职责，从严查处行贿人员。本案系监察机关在办理江某受贿案时，发现张某、陆某存在重大行贿犯罪嫌疑并立案调查。经监察机关查明，张某、陆某的行贿对象系国家工作人员，行贿次数多、时间跨度较长且请托内容涉及建设施工安全生产管理领域，行贿行为危害性大，属于受贿行贿一起查的重点对象。行贿人的行为不仅侵犯了国家工作人员职务的廉洁性，也损害了相关资格考试的权威性、公平性，加之涉案人数众多、涉及建设工地数量众多，给建筑工程安全带来潜在危害。

（二）加强监检配合，充分发挥衔接机制对案件处置的作用。监察机关依托监检联席会议机制，加强与检察机关协调联动，通过商请检察机关提前介入、重大问题会商，加强工作衔接配合。同时，监察机关、检察机关积极履行追赃挽损职责，追缴本案行贿人因行贿犯罪获取的不正当利益。对于财产性利益，监察机关综合运用讯问、查询、调取、冻结、搜查等措施，对行贿人获利情况进行准确认定。检察机关审查起诉期间，行贿人主动退缴行贿所得财产性利益；对于非财产性利益，针对本案中考生未参加考试即获取《安全生产考核合格证书》这一情况，监察机关、检察机关督促考评中心及时纠正。鉴于对行贿人立案调查期间，大部分人员的合格证书已近失效期，经与相关部门沟通协商，督促相关人员必须尽快重新参加继续教育并考试，如未重新参加继续教育或考试成绩不合格，先前发放的证书予以作废。

（三）积极做好释法说理，全面提升执法工作效果。行贿人张某在监察机关调查江某受贿犯罪问题时，能够主动配合工作，但在对其本人的问题进行调查时，存有抵触情绪。办案人员贯通纪法情理，加强对行贿人普法宣传和教育，细致做好释法说理与心理疏导工作，促使行贿人转化认识。同时未对其采取留置措施，一步步为其"解心结"，最终张某认罪悔罪并表示愿意退缴非法所得。

（四）强化警示教育，以案促改，提升反腐败综治效能。监察机关和检察机关组织市住建委、驻市建设交通工作党委纪检监察组的30余名工作人员参加张某、陆某行贿案庭审旁听，开展廉政主题庭审教育活动。检察机关办案人员还赴涉案单位考评中心走访调研，向考评中心制发检察建议并公开宣告，明确指出考试数据管理、考风考纪要求、考务人员监督等方面存在的问题，并有针对性地提出升级技术系统、建立失信惩戒黑名单、建设廉政风险防控机制等建议。考评中心积极整改，重新建立了一套更为完善透明的考务工作制度、启用改进后的新机考软件和管理系统、采用非对称加密数据校验法报送数据，构建全市建筑施工安全生产领域考务工作的廉政制度防火墙与信息技术安全网。

◎ **典型意义**

（一）强化对重点领域行贿犯罪的审查意识，提高查办行贿案件的能力。监察机关、检察机关要在办理受贿案件中注重梳理行贿犯罪线索，提高对行贿犯罪事实的认定和证据审查判断运用能力，加大对行贿犯罪惩处力度。同时持续强化监检协作配合，畅通移送线索渠道，形成惩治行贿犯罪工作合力。特别是针对关键领域行贿受贿犯罪案件查办过程中发现的线索，监察机关、检察机关要及时予以会商研判、加快线索移送、提高立案效率，形成对重点领域犯罪的严查快打态势。

（二）加大追赃挽损及财产刑的运用，最大程度消除行贿造成的不良后果。监察机关、检察机关在办理行贿案件过程中，要认真履行追赃挽损职责，尽力追缴非法获利，敦促行贿人退缴通过行贿行为获取的财产性利益，最大程度挽回损失。检察机关要依托认罪认罚从宽制度，促使行贿人自愿认罪认罚，结合行贿事实、情节、金额、获取不正当利益情况及认罪悔罪态度、退缴赃款赃物等情况，提出精准量刑建议并注重财产刑的运用。对于行贿所得的不正当非财产性利益，督促相关单位依照规定及时采取措施予以纠正，消除行贿行为产生的负面影响。

（三）强化能动履职，增强社会治理效能。在案件办理过程中发现腐败行为背后存在制度漏洞与管理隐患的，可以通过制发监察建议书、检察建议书等方式，积极督促相关单位或有关部门以案促改、建章立制，从制度层面查缺补漏，铲除行贿受贿等腐败行为滋生的土壤，实现对重点领域腐败问题的源头治理。注重开展多样化的警示教育，以案释法，加强宣传，以身边事教育身边人，以一案警示一方。

◎ **相关规定**

《中华人民共和国刑法》第三百八十九条、第三百九十条

《中华人民共和国刑事诉讼法》第一百七十六条

《中华人民共和国监察法》第四十五条

《最高人民法院、最高人民检察院关于办理行贿刑事案件具体应用法律若干问题的解释》第十一条

3. 陆某某受贿、行贿案[①]

◎ **关键词**

受贿行贿一起查　监检协作　审判监督程序抗诉　认罪认罚

◎ **要旨**

监察机关、检察机关要加强协作配合，在查办、提前介入受贿等案件过程中深挖行贿线索并补强相关证据，依法追诉。对以行贿手段获取立功线索导致原生效裁判错误的，要按照审判监督程序提出抗诉。强化释法说理，促使犯罪嫌疑人、被告人认罪悔罪，依法适用认罪认罚从宽制度，做到罚当其罪。

◎ **基本案情**

被告人陆某某，男，1968 年 5 月出生，汉族，原系某省某县国有资产管理办公室副主任兼县中小企业贷款担保有限公司董事长。

[①] 《行贿犯罪典型案例（第二批）》之五，载最高人民检察院网站，https：//www.spp.gov.cn/xwfbh/wsfbt/202303/t20230329_609053.shtml#2，2024 年 1 月 5 日访问。

2012年1月至2013年5月，陆某某在担任某县中小企业贷款担保有限公司董事长期间，利用职务便利，为他人谋取利益，非法收受财物折合共计4.82万元人民币（币种下同）。2013年6月14日，陆某某到浙江省缙云县人民检察院投案，并如实供述受贿犯罪事实。10月8日，陆某某告知公安机关另案逃犯张某某行踪，后张某某被抓获。10月17日，缙云县人民检察院以陆某某涉嫌受贿罪提起公诉。2014年10月20日，缙云县人民法院判决陆某某犯受贿罪，但系自首且具有立功表现，免予刑事处罚；追缴陆某某违法所得4.82万元，上缴国库。判决作出后，陆某某未上诉，判决生效。

2019年8月，缙云县监察委员会、缙云县人民检察院在办理某县公安局巡特警大队辅警王某某案件时，发现陆某某有行贿行为。经查，2013年8月，陆某某请托王某某（已判决）帮忙找立功线索，并许诺事后感谢王某某。同年10月8日，陆某某从王某某处得知另案逃犯张某某行踪，遂向公安机关"报案"。事后，陆某某通过第三人送给王某某20万元，王某某予以收受。鉴于此前法院判决认定陆某某具有的立功表现系其通过行贿手段获取，导致原生效裁判错误，2019年8月29日，浙江省缙云县人民检察院就陆某某受贿案提请浙江省丽水市人民检察院抗诉。9月5日，丽水市人民检察院向丽水市中级人民法院提出抗诉；9月24日，丽水市中级人民法院指令缙云县人民法院再审。

2020年8月17日，浙江省缙云县监察委员会以陆某某涉嫌行贿罪移送审查起诉。9月29日，缙云县人民检察院以陆某某涉嫌行贿罪提起公诉。12月25日，缙云县人民法院以陆某某犯受贿罪作出再审判决，判处有期徒刑一年，追缴陆某某违法所得4.82万元。12月30日，缙云县人民法院以行贿罪判处陆某某拘役六个月；与受贿罪数罪并罚，决定执行有期徒刑一年。判决作出后，陆某某未上诉，判决已生效。

◎ 监察、检察履职情况

（一）对关联案件提前介入，联合补证后提出抗诉。监察机关在查办王某某受贿、滥用职权、帮助犯罪分子逃避处罚一案过程中，发现陆某某曾为找立功线索向王某某行贿20万元。经监察机关商请，检察机关提前介入王某某一案。监察机关、检察机关共同商讨后认为，陆某某涉嫌行贿罪，陆某某原受贿案的免刑判决可能存在事实认定错误。检察机关经向原案承办人了解详情、调取原案卷宗材料，发现原案关于陆某某如何得知逃犯张某某位置信息等证据比较单薄。监察机关深入调查取证，补充郑某某等人的证言、相关人员的通话记录等书证，印证了王某某的供述，也证实了陆某某贿买立功线索的事实经过，查明陆某某系"假立功"。检察机关遂向上级检察机关提请抗诉，上级检察机关据此向其同级审判机关提出抗诉。

（二）加强监检协作，明确调查取证方向。陆某某涉嫌行贿罪，系原案的漏罪，在检察机关对陆某某受贿案抗诉的同时，监察机关对陆某某行贿一案全面深入调查。监察机关商请检察机关提前介入，商讨后共同认为，陆某某身为国家工作人员，向司法工作人员行贿以达到减轻罪责的目的，情节恶劣，应当依法追究刑事责任。调查终结后，监察机关将陆某某行贿案移送检察机关审查起诉。检察机关审查认定陆某某以20万元向王某某贿买立功线索构成行贿罪，依法提起公诉。

（三）监检协同补强证据，庭前消除控辩争议。行贿案审查起诉期间，陆某某辩称20万元系被王某某胁迫交付，拒绝认罪。辩护律师提出陆某某系被勒索，不属于行贿，且陆某某对抓获张某某起到了重要作用。针对陆某某的辩解及辩护律师的辩护意见，监察机关依法补充施某某等证人的证言、通话记录、抓获张某某经过的说明等证据材料。庭前，检察机关依据相关证据，就事实认定、量刑建议与辩护律师进行沟通，充分听取意见，得到辩护律师的认同，为进一步做好认罪认罚工作夯实基础。

（四）加强释法说理，促使态度转变。案件移送审查起诉后，陆某某仍存在强烈抵触心理。为促使陆某某认罪认罚，办案人员主动对接其所在单位，与其单位领导共同做陆某某的教育转化工作；通过辩护律师向陆某某讲明认罪认罚的意义，促使陆某某转化认识。经过多次释法说理，陆某某态度发生转变，愿意认罪认罚，并在辩护律师的见证下自愿签署了认罪认罚具结书。检察机关综合考量案情和陆某某认罪认罚情况，经与监察机关协商一致，建议对其适用认罪认罚从宽处理，一审判决后陆某某未上诉。

◎ **典型意义**

（一）破除重打击受贿、轻打击行贿旧有观念，做到受贿行贿一起查。

监察机关、检察机关要切实贯彻《关于进一步推进受贿行贿一起查的意见》，破除打击行贿不利于行贿人配合取证、影响查办受贿案件的片面观念，对向司法工作人员行贿、扰乱案件正常办理、妨害司法公正的，予以重点查处，从严惩治。对因行贿行为获得的"假立功"等生效裁判，依法履行审判监督职责，决不能让行贿人因行贿行为而获益。

（二）加强监检协作，增强打击行贿犯罪合力。监察机关、检察机关要始终坚持正确的政治方向，积极担当作为，善于抓住细节，加强关联案件比对，及时发现、深入挖掘行贿受贿案件背后的问题，依法立案查处、补充起诉、提出抗诉。在提前介入及后续处理阶段，监察机关与检察机关要主动加强工作衔接。就行贿事实认定、法律适用等重大问题，要加强会商沟通，夯实案件事实、证据基础，确保办案质量。

（三）坚持宽严相济，促使犯罪嫌疑人、被告人认罪悔罪。检察机关要认真听取犯罪嫌疑人及辩护人意见，充分释法说理，做好说服教育工作。积极向监察机关反馈案件办理过程中的情况，认真落实认罪认罚从宽制度，把宽严相济刑事政策落实到每一个刑事案件办理中，促进实现"三个效果"有机统一。

◎ 相关规定

《中华人民共和国刑法》第六十七条第一款、第六十八条、第七十条、第三百八十五条第一款、第三百八十九条第一款、第三百九十条

《中华人民共和国刑事诉讼法》第十五条、第一百七十六条、第二百五十四条

《中华人民共和国监察法》第四十五条

4. 山东薛某某行贿、串通投标案[①]

◎ 要旨

推进受贿行贿一起查，监察机关、检察机关应当切实履行职责，加强

[①] 《行贿犯罪典型案例》之一，载最高人民检察院网站，https://www.spp.gov.cn/xwfbh/dxal/202204/t20220420_554596.shtml，2024年1月5日访问。

协作配合,加大对招标投标等重点领域行贿犯罪查处力度,服务保障优化营商环境。要准确适用法律,对以行贿犯罪手段开路进行串通投标犯罪的,应实行数罪并罚。对案件暴露出的普遍性、典型性问题,检察机关可以依法提出检察建议,促进专项整治,提高社会治理能力。

◎ **典型意义**

(一)严厉打击重点领域行贿犯罪,服务保障优化营商环境。坚持受贿行贿一起查,对发生在涉及教育等重大民生项目招标投标领域,严重破坏营商环境和市场公平竞争规则的行贿犯罪,应予以严惩。监察机关、检察机关应加强协作配合,注重对重点领域行贿线索的分析研判,加强会商,凝聚共识。在打击行贿犯罪时,既要考虑行贿金额、次数及犯罪情节,又要充分考虑案件发生的领域和危害后果,依法准确对行贿人作出处理,推动构建公平竞争的市场秩序和亲清政商环境。

(二)加强对行贿犯罪法律适用问题研究,提高打击精准度。行贿犯罪往往与其他犯罪关联并存,监察调查、检察审查过程中,应当加强对行贿犯罪、关联犯罪的研究,结合刑法理论与法律规定,参考司法案例,围绕事实认定、法律适用和案件处理等进行充分论证,厘清罪与非罪、一罪与数罪的界限,调查收集证据,准确适用法律,依法提起公诉,确保对行贿犯罪及关联犯罪的精准打击。

(三)充分履行监检职能,积极参与社会治理。监察机关、检察机关应当对办案中发现的普遍性、典型性问题进行深入剖析,依法提出堵塞漏洞、健全制度、防控风险的建议,促使有关部门履行监管职责、完善监管机制、开展专项整治,全面加强整改,从源头上推进招标投标领域问题解决,达到"办理一案、治理一片"的良好效果,促进社会治理能力的提高,服务经济社会高质量发展大局。

5. 江西王某某行贿案①

◎ 要旨

监察机关与检察机关要加强协作配合，统筹推进行贿受贿犯罪案件查处。准确认定行贿人谋取的不正当利益数额，发挥能动检察职能，与监察机关协作配合开展追赃挽损工作。对于"零口供"行贿犯罪嫌疑人，监察机关调查时要注重收集证人证言、书证、物证、视听资料和电子证据等，夯实证据基础，检察机关要充分运用各种证据，形成完善的指控证据体系，依法追究刑事责任。

◎ 典型意义

（一）贯彻落实受贿行贿一起查，对侵吞巨额国有资产的行贿犯罪零容忍。监察机关、检察机关在办理国企领域贿赂或者关联案件过程中，应当密切协作配合，在监察机关统筹下推进行贿受贿案件的查处。通过依法惩治发生在国企领域的行贿受贿犯罪，斩断内外勾结侵吞国有资产的"黑手"，切实维护国有企业合法权益，维护国有资产安全。

（二）对"零口供"的行贿犯罪案件，应多层次调取收集各类证据，综合运用证据规则，构建完整证据体系，严厉惩治行贿犯罪。实践中，为逃避法律追究，行贿受贿双方拒不供认犯罪事实的情况时有发生。对于"零口供"的行贿案件，应根据证据标准，注重运用受贿人有罪供述、特定关系人或者经手贿赂款的证人证言，特别是转账的书证等证据，证明行贿受贿犯罪事实，形成完整的证据链条。案件经审查达到事实清楚，证据确实、充分的程度，依法提起公诉，追究行贿人刑事责任。

（三）准确认定行贿犯罪违法所得，主动协作配合追赃挽损。检察机关在办理行贿案件过程中应积极履行追赃挽损职责，准确认定行贿犯罪违法所得数额，与监察机关加强协作，依法查封、扣押、冻结行贿人涉案资产，配合监察机关查明行贿人违法所得相关证据，为人民法院准确认定行贿犯罪违法所得，判决追缴行贿人违法所得、返还被害单位提供重要支撑。

---

① 《行贿犯罪典型案例》之三，载最高人民检察院网站，https://www.spp.gov.cn/xwfbh/dxal/202204/t20220420_554596.shtml，2024年1月5日访问。

第三百九十条之一　对有影响力的人行贿罪

为谋取不正当利益，向国家工作人员的近亲属或者其他与该国家工作人员关系密切的人，或者向离职的国家工作人员或者其近亲属以及其他与其关系密切的人行贿的，处三年以下有期徒刑或者拘役，并处罚金；情节严重的，或者使国家利益遭受重大损失的，处三年以上七年以下有期徒刑，并处罚金；情节特别严重的，或者使国家利益遭受特别重大损失的，处七年以上十年以下有期徒刑，并处罚金。

单位犯前款罪的，对单位判处罚金，并对其直接负责的主管人员和其他直接责任人员，处三年以下有期徒刑或者拘役，并处罚金。[①]

关联规定

1.《刑法》（2023 年 12 月 29 日）

第九十三条　本法所称国家工作人员，是指国家机关中从事公务的人员。

国有公司、企业、事业单位、人民团体中从事公务的人员和国家机关、国有公司、企业、事业单位委派到非国有公司、企业、事业单位、社会团体从事公务的人员，以及其他依照法律从事公务的人员，以国家工作人员论。

2.《最高人民法院、最高人民检察院关于办理贪污贿赂刑事案件适用法律若干问题的解释》（2016 年 4 月 18 日）

第十条　刑法第三百八十八条之一规定的利用影响力受贿罪的定罪量刑适用标准，参照本解释关于受贿罪的规定执行。

刑法第三百九十条之一规定的对有影响力的人行贿罪的定罪量刑适用标准，参照本解释关于行贿罪的规定执行。

---

① 根据 2015 年 8 月 29 日《刑法修正案（九）》增加。

单位对有影响力的人行贿数额在二十万元以上的，应当依照刑法第三百九十条之一的规定以对有影响力的人行贿罪追究刑事责任。

3. 《最高人民法院、最高人民检察院关于办理商业贿赂刑事案件适用法律若干问题的意见》（2008年11月20日）

一、商业贿赂犯罪涉及刑法规定的以下八种罪名：
（1）非国家工作人员受贿罪（刑法第一百六十三条）；
（2）对非国家工作人员行贿罪（刑法第一百六十四条）；
（3）受贿罪（刑法第三百八十五条）；
（4）单位受贿罪（刑法第三百八十七条）；
（5）行贿罪（刑法第三百八十九条）；
（6）对单位行贿罪（刑法第三百九十一条）；
（7）介绍贿赂罪（刑法第三百九十二条）；
（8）单位行贿罪（刑法第三百九十三条）。

第三百九十一条　对单位行贿罪

为谋取不正当利益，给予国家机关、国有公司、企业、事业单位、人民团体以财物的，或者在经济往来中，违反国家规定，给予各种名义的回扣、手续费的，处三年以下有期徒刑或者拘役，并处罚金；情节严重的，处三年以上七年以下有期徒刑，并处罚金。①

单位犯前款罪的，对单位判处罚金，并对其直接负责的主管人员和其他直接责任人员，依照前款的规定处罚。

---

① 根据2015年8月29日《刑法修正案（九）》第一次修改。原第一款条文为："为谋取不正当利益，给予国家机关、国有公司、企业、事业单位、人民团体以财物的，或者在经济往来中，违反国家规定，给予各种名义的回扣、手续费的，处三年以下有期徒刑或者拘役。"

根据2023年12月29日《刑法修正案（十二）》第二次修改。原第一款条文为："为谋取不正当利益，给予国家机关、国有公司、企业、事业单位、人民团体以财物的，或者在经济往来中，违反国家规定，给予各种名义的回扣、手续费的，处三年以下有期徒刑或者拘役，并处罚金。"

关联规定

《最高人民法院、最高人民检察院关于办理贪污贿赂刑事案件适用法律若干问题的解释》（2016年4月18日）

第十二条　贿赂犯罪中的"财物"，包括货币、物品和财产性利益。财产性利益包括可以折算为货币的物质利益如房屋装修、债务免除等，以及需要支付货币的其他利益如会员服务、旅游等。后者的犯罪数额，以实际支付或者应当支付的数额计算。

第三百九十二条　介绍贿赂罪

向国家工作人员介绍贿赂，情节严重的，处三年以下有期徒刑或者拘役，并处罚金。①

介绍贿赂人在被追诉前主动交待介绍贿赂行为的，可以减轻处罚或者免除处罚。

要点提示

"介绍贿赂"是指在行贿人与受贿人之间沟通关系、撮合条件，使贿赂行为得以实现的行为。

关联规定

1.《刑法》（2023年12月29日）

第九十三条　本法所称国家工作人员，是指国家机关中从事公务的人员。

国有公司、企业、事业单位、人民团体中从事公务的人员和国家机关、国有公司、企业、事业单位委派到非国有公司、企业、事业单位、社会团体从事公务的人员，以及其他依照法律从事公务的人员，以国家工作

---

① 根据2015年8月29日《刑法修正案（九）》修改。原第一款条文为："向国家工作人员介绍贿赂，情节严重的，处三年以下有期徒刑或者拘役。"

人员论。

2.《最高人民法院、最高人民检察院关于办理商业贿赂刑事案件适用法律若干问题的意见》（2008 年 11 月 20 日）

一、商业贿赂犯罪涉及刑法规定的以下八种罪名：

（1）非国家工作人员受贿罪（刑法第一百六十三条）；

（2）对非国家工作人员行贿罪（刑法第一百六十四条）；

（3）受贿罪（刑法第三百八十五条）；

（4）单位受贿罪（刑法第三百八十七条）；

（5）行贿罪（刑法第三百八十九条）；

（6）对单位行贿罪（刑法第三百九十一条）；

（7）介绍贿赂罪（刑法第三百九十二条）；

（8）单位行贿罪（刑法第三百九十三条）。

第三百九十三条　单位行贿罪

单位为谋取不正当利益而行贿，或者违反国家规定，给予国家工作人员以回扣、手续费，情节严重的，对单位判处罚金，并对其直接负责的主管人员和其他直接责任人员，处三年以下有期徒刑或者拘役，并处罚金；情节特别严重的，处三年以上十年以下有期徒刑，并处罚金。因行贿取得的违法所得归个人所有的，依照本法第三百八十九条、第三百九十条的规定定罪处罚。[①]

---

① 根据 2015 年 8 月 29 日《刑法修正案（九）》第一次修改。原条文为："单位为谋取不正当利益而行贿，或者违反国家规定，给予国家工作人员以回扣、手续费，情节严重的，对单位判处罚金，并对其直接负责的主管人员和其他直接责任人员，处五年以下有期徒刑或者拘役。因行贿取得的违法所得归个人所有的，依照本法第三百八十九条、第三百九十条的规定定罪处罚。"

根据 2023 年 12 月 29 日《刑法修正案（十二）》第二次修改。原条文为："单位为谋取不正当利益而行贿，或者违反国家规定，给予国家工作人员以回扣、手续费，情节严重的，对单位判处罚金，并对其直接负责的主管人员和其他直接责任人员，处五年以下有期徒刑或者拘役，并处罚金。因行贿取得的违法所得归个人所有的，依照本法第三百八十九条、第三百九十条的规定定罪处罚。"

要点提示

《刑法修正案（十二）》调整、提高了本条单位行贿罪的刑罚。实践中单位行贿案件较多，与个人行贿相比法定刑相差悬殊。一些行贿人以单位名义行贿，规避处罚，导致案件处理不平衡，惩处力度不足。这次修改将单位行贿罪刑罚由原来最高判处五年有期徒刑的一档刑罚，修改为"三年以下有期徒刑或者拘役，并处罚金"和"三年以上十年以下有期徒刑，并处罚金"两档刑罚。

关联规定

1.《刑法》（2023 年 12 月 29 日）

第九十三条　本法所称国家工作人员，是指国家机关中从事公务的人员。

国有公司、企业、事业单位、人民团体中从事公务的人员和国家机关、国有公司、企业、事业单位委派到非国有公司、企业、事业单位、社会团体从事公务的人员，以及其他依照法律从事公务的人员，以国家工作人员论。

2.《最高人民法院、最高人民检察院关于办理商业贿赂刑事案件适用法律若干问题的意见》（2008 年 11 月 20 日）

一、商业贿赂犯罪涉及刑法规定的以下八种罪名：

（1）非国家工作人员受贿罪（刑法第一百六十三条）；

（2）对非国家工作人员行贿罪（刑法第一百六十四条）；

（3）受贿罪（刑法第三百八十五条）；

（4）单位受贿罪（刑法第三百八十七条）；

（5）行贿罪（刑法第三百八十九条）；

（6）对单位行贿罪（刑法第三百九十一条）；

（7）介绍贿赂罪（刑法第三百九十二条）；

（8）单位行贿罪（刑法第三百九十三条）。

典型案例

浙江贵某贵金属有限公司、李某某单位行贿案[①]

◎ **关键词**

单位行贿　监检衔接　准确定性　一体化监督　生态修复

◎ **要旨**

办理行贿案件要落实中央受贿行贿一起查的精神，准确把握单位犯罪和自然人犯罪的区别和联系，精准打击犯罪。要充分发挥监检职能，加强配合制约，深化融合监督，一体推进不敢腐、不能腐、不想腐，在案件办理、追赃挽损、生态修复等方面打好反腐败"组合拳"，实现办理行贿犯罪案件"三个效果"有机统一。

◎ **基本案情**

被告单位浙江贵某贵金属有限公司（以下简称贵某公司），民营企业，单位所在地浙江省仙居县某某街道某某工业园区。

被告人李某某，男，1972年9月21日出生，汉族，贵某公司法定代表人。

2015年至2018年，时任浙江省台州市环保局工作人员林某某（另案处理）、仙居县环保局工作人员王某某（已判决）等有关国家工作人员接受贵某公司法定代表人李某某的请托，为贵某公司在办理《危险废物经营许可证》、生产经营、逃避环保执法检查等方面提供帮助。2015年底，李某某送给林某某一件黄金制品，价值人民币37940元，林某某收受。2018年，李某某以人民币40万元的价格购买一辆二手大众辉腾牌汽车送给王某某，王某某收受；贵某公司将非法提炼金属铑所得的一半利润送给王某某，王某某先后收受人民币635万元，后将其中545万元出借给李某某用于资金周转。

（污染环境犯罪事实略）

2020年10月30日，浙江省仙居县人民检察院以被告单位贵某公司、

[①] 《行贿犯罪典型案例》之三，载最高人民检察院网站，https://www.spp.gov.cn/xwfbh/dxal/202204/t20220420_554596.shtml，2024年1月5日访问。

被告人李某某等人犯污染环境罪向仙居县人民法院提起公诉。2021年3月26日，仙居县监察委员会以李某某涉嫌行贿犯罪立案调查，9月8日以贵某公司涉嫌单位行贿犯罪立案调查。9月14日，仙居县监察委员会以贵某公司、李某某涉嫌单位行贿罪向检察机关移送审查起诉，检察机关于10月19日补充起诉。10月30日，仙居县人民法院作出一审判决，以被告单位贵某公司犯污染环境罪，判处罚金人民币十五万元，犯单位行贿罪，判处罚金人民币八十万元，数罪并罚决定执行罚金人民币九十五万元；以被告人李某某犯污染环境罪，判处有期徒刑一年二个月，并处罚金人民币十万元，犯单位行贿罪，判处有期徒刑二年，并处罚金人民币三十万元，数罪并罚决定执行有期徒刑二年十个月，并处罚金人民币四十万元；对被告单位贵某公司的违法所得人民币一千八百五十万元，向被告单位贵某公司、被告人李某某予以追缴，上缴国库。一审判决后，贵某公司、李某某未上诉，判决已生效。

◎ 监察、检察履职情况

（一）深挖腐败线索，有效打击受贿行贿犯罪。被告单位贵某公司、被告人李某某等人涉嫌污染环境一案案发后，仙居县监察委员会聚焦案件背后的责任链条，及时启动问责追责程序，围绕监管失职、利益输送开展调查，对12名有关责任人员予以严肃问责。其间，发现李某某行贿线索，依法对其开展立案调查，采取留置措施，并同步冻结、扣押涉案财物250万元，协调公安、环保部门查封扣押贵某公司库存产品，确保后续追赃挽损工作顺利进行，同时对发现存在受贿嫌疑的4名公职人员予以立案调查。仙居县监察委员会认为，本案发生在环保领域，被告单位贵某公司、被告人李某某以多种方式对数名国家工作人员渗透腐蚀，严重破坏职务廉洁性，危害群众利益，造成严重负面影响，应依法移送司法机关追究其刑事责任。

（二）充分运用监检会商机制，准确把握案件定性。2021年9月1日，仙居县监察委员会就李某某涉嫌行贿罪、王某某涉嫌受贿罪同时书面商请检察机关提前介入。对本案系个人行贿还是单位行贿存在不同认识。监察机关和检察机关共同会商案件后，认为本案构成单位行贿罪。一是从案件事实看，李某某作为公司法定代表人，行贿出发点是为单位谋取不正当利益，使公司在办理危废许可证、经营生产、逃避环保执法检查等方面得到照顾，其行贿资金绝大多数来源于公司经营所得，应当认定其行贿体现的是单位意志，且最终受益对象系单位，对该行为认定为单位行贿更符合案件事实，更能体现罪责刑相适应原则。二是从办案效果看，以单位行贿罪认定，既有利于对贵某公司进行刑事惩处，保护各类市场主体公平竞争，优化法治化营商环境，又有利于促进涉案企业规范经营活动，保护民营经济持续健康发展，激发市场活力。监检达成共识后，检察机关向监察机关书面反馈提前介入审查意见，仙居县监察委员会依法对贵某公司进行补充立案调查，确保程序合法，保障被调查单位的权利义务。调查终结后，仙居县监察委员会以贵某公司、李某某涉嫌单位行贿罪移送审查起诉。

（三）一体化能动履职，推动生态修复。针对本案存在的履职不力、腐败问题，仙居县监察委员会发送监察建议书，要求环保部门履行全面从严治党主体责任，排查廉政风险点，倒查制度漏洞，加强系统内部监督，同步开展党风廉政警示教育活动，以案促廉，做实"后半篇文章"，助力政治生态修复。针对行贿犯罪关联的环境污染损害，仙居县人民检察院充分发挥刑事检察、公益诉讼检察合力，就贵某公司污染环境导致的生态损害及时跟进公益诉讼工作。经制发行政公益诉讼诉前检察建议，推动环保部门与贵某公司开展磋商并签订《浙江贵某贵金属有限公司环境污染案生态环境损害赔偿鉴定评估框架协议》。仙居县人民检察院积极督促贵某公司承担损害赔偿责任，促成该公司预缴生态修复金200万元，并持续跟进监督，推动开展生态损害修复。

（四）开展认罪认罚工作，贯彻宽严相济政策。鉴于贵某公司和李某某归案后自愿如实供述罪行，承认指控的犯罪事实，愿意接受处罚，并积极履行生态修复责任，确有悔罪表现，仙居县人民检察院在办理污染环境案和行贿案中均充分听取贵某公司、李某某及其辩护人的意见，并对案件定罪量刑及认罪认罚从宽制度进行释法说理。同时，通过讯问、走访等形式，理清贵金属、原料等扣押物品情况，积极推动退赃工作，促使贵某公司自愿以被扣押物品抵扣违法所得。最终，贵某公司和李某某自愿认罪认罚，在辩护律师见证下签署《认罪认罚具结书》，检察机关经征求监察机关意见，对贵某公司和李某某从轻提出确定刑量刑建议，被法院判决采纳。

◎ **典型意义**

（一）坚决贯彻受贿行贿一起查，推动腐败问题标本兼治。监察机关和检察机关要深刻认识行贿违法犯罪的政治危害，转变工作理念，加强工作协作，打出反腐败"组合拳"，加强查办贿赂犯罪，一体推进受贿行贿的查处。要加大环保等重点领域行贿受贿犯罪打击力度，斩断腐败问题利益链，破除权钱交易网，彰显对行贿零容忍的坚定决心，在全社会倡导廉洁守法理念，构建亲清政商关系。

（二）准确区分犯罪主体，贯彻宽严相济刑事政策，依法惩治单位行贿。办理涉及公司企业的行贿犯罪案件，监察机关、检察机关应加强配合制约，注意全面调查审查案件事实，充分收集运用证据，甄别判断涉案公司企业与行贿犯罪的联系，准确认定是单位行贿犯罪还是个人行贿犯罪。被告单位和被告人认罪认罚的，要依法贯彻宽严相济刑事政策，增强行贿犯罪案件办理的示范性，助力营造健康经济生态，提高行贿犯罪案件办理质效。

（三）强化一体化监督，积极推进挽损工作，增强办理行贿犯罪案件效果。监察机关、检察机关在办理贿赂案件过程中，应积极落实受贿行贿一起查部署，加大追赃挽损力度。对行贿人因行贿获得的不正当利益，最大限度追缴，不让行贿人因行贿获利，遏制犯罪利益驱动。同时，加大行贿犯罪损害修复，尽可能降低、减少行贿犯罪的危害后果。对于生态环保等重要领域的行贿犯罪，检察机关应坚持零容忍态度，严格依法办案，整合刑事检察、公益诉讼检察等力量，在办理行贿犯罪案件的同时，配套公益诉讼检察措施，有效跟进生态环境修复和保护工作，达到政治生态治理和生态环境修复"双推动"办案效果，实现办理行贿罪案件"三个效果"的有机统一。

◎ **相关规定**

《中华人民共和国刑法》第三百三十八条、第三百四十六条、第三百九十三条

《中华人民共和国刑事诉讼法》第十五条、第一百七十六条

《中华人民共和国监察法》第四十五条、第四十六条

第三百九十四条　贪污罪

国家工作人员在国内公务活动或者对外交往中接受礼物，依照国家规定应当交公而不交公，数额较大的，依照本法第三百八十二条、第三百八十三条的规定定罪处罚。

要点提示

"国内公务活动"，主要是指在国内参加的各种与本人工作有关的公务活动。"礼物"，包括各种作为赠礼的物品、礼金、礼券等；"依照国家有关规定应当交公而不交公"，是指违反国家有关法律、行政法规、政策文件中关于国家工作人员在国内外公务活动中接受礼物应当交公的规定。

关联规定

1.《刑法》（2023年12月29日）

第九十三条　本法所称国家工作人员，是指国家机关中从事公务的人员。

国有公司、企业、事业单位、人民团体中从事公务的人员和国家机关、国有公司、企业、事业单位委派到非国有公司、企业、事业单位、社会团体从事公务的人员，以及其他依照法律从事公务的人员，以国家工作人员论。

第三百八十二条　国家工作人员利用职务上的便利，侵吞、窃取、骗取或者以其他手段非法占有公共财物的，是贪污罪。

受国家机关、国有公司、企业、事业单位、人民团体委托管理、经营国有财产的人员，利用职务上的便利，侵吞、窃取、骗取或者以其他手段非法占有国有财物的，以贪污论。

与前两款所列人员勾结，伙同贪污的，以共犯论处。

第三百八十三条　对犯贪污罪的，根据情节轻重，分别依照下列规定处罚：

（一）贪污数额较大或者有其他较重情节的，处三年以下有期徒刑或者拘役，并处罚金。

（二）贪污数额巨大或者有其他严重情节的，处三年以上十年以下有期徒刑，并处罚金或者没收财产。

（三）贪污数额特别巨大或者有其他特别严重情节的，处十年以上有期徒刑或者无期徒刑，并处罚金或者没收财产；数额特别巨大，并使国家和人民利益遭受特别重大损失的，处无期徒刑或者死刑，并处没收财产。

对多次贪污未经处理的，按照累计贪污数额处罚。

犯第一款罪，在提起公诉前如实供述自己罪行、真诚悔罪、积极退赃，避免、减少损害结果的发生，有第一项规定情形的，可以从轻、减轻或者免除处罚；有第二项、第三项规定情形的，可以从轻处罚。

犯第一款罪，有第三项规定情形被判处死刑缓期执行的，人民法院根据犯罪情节等情况可以同时决定在其死刑缓期执行二年期满依法减为无期徒刑后，终身监禁，不得减刑、假释。

2.《国务院关于在对外公务活动中赠送和接受礼品的规定》（1993年12月5日）

第一条　为了加强对国家行政机关工作人员在对外公务活动中赠送和接受礼品的管理，严肃外事纪律，保持清廉，制定本规定。

第二条　本规定所称的礼品，是指礼物、礼金、有价证券。

第七条　在对外公务活动中接受的礼物，应当妥善处理。价值按我国市价折合人民币200元以上的，自接受之日起（在国外接受礼物的，自回国之日起）1个月内填写礼品申报单并将应上缴的礼物上缴礼品管理部门或者受礼人所在单位；不满200元的，归受礼人本人或者受礼人所在单位。

在对外公务活动中，对方赠送礼金、有价证券时，应当予以谢绝；确实难以谢绝的，所收礼金、有价证券必须一律上缴国库。

第八条　在对外公务活动中，不得私相授受礼品，不得以明示或者暗示的方式索取礼品。

第十二条　国家行政机关工作人员违反本规定的，对负直接责任的机关有关领导人和直接责任人，给予行政处分；构成犯罪的，由司法机关依法追究刑事责任。

对国家行政机关工作人员的行政处分，按照干部管理权限和规定程序办理。

3.《国家行政机关及其工作人员在国内公务活动中不得赠送和接受礼品的规定》(1988年12月1日)

第二条 国家行政机关及其工作人员在国内公务活动中，不得赠送和接受礼品。

第三条 国家行政机关及其工作人员不得假借名义或者以变相形式赠送和接受礼品：

（一）以鉴定会、评比会、业务会、订货会、展销会、招待会、茶话会、新闻发布会、座谈会、研讨会以及其他会议的形式；

（二）以祝贺春节、元旦、国庆节、中秋节和其他节假日的名义；

（三）以试用、借用、品尝、鉴定的名义；

（四）以祝寿、生日、婚丧嫁娶的名义；

（五）以其他形式和名义。

第四条 本规定所称的礼品，是指礼物、礼金、礼券以及以象征性低价收款的物品。

第八条 国家行政机关及其工作人员为谋取不正当利益而赠送、接受或者索取礼品的，按照国家有关惩治行贿、受贿的法律、法规处理。

第九条 对接收的礼品必须在1个月内交出并上交国库。所收礼品不按期交出的，按贪污论处。

第三百九十五条　巨额财产来源不明罪　隐瞒境外存款罪

国家工作人员的财产、支出明显超过合法收入，差额巨大的，可以责令该国家工作人员说明来源，不能说明来源的，差额部分以非法所得论，处五年以下有期徒刑或者拘役；差额特别巨大的，处五年以上十年以下有期徒刑。财产的差额部分予以追缴。①

国家工作人员在境外的存款，应当依照国家规定申报。数额较大、隐瞒不报的，处二年以下有期徒刑或者拘役；情节较轻的，由其所在单位或者上级主管机关酌情给予行政处分。

要点提示

本条第一款在实际执行中应当注意，在清查、核实行为人的财产来源时，司法机关应当尽量查清其财产是通过何种非法方式取得的，如果能够查清其财产是以贪污、受贿或者其他犯罪方法取得的，应当按照贪污、受贿或者其他犯罪追究刑事责任。只有在确实无法查清其巨额财产非法来源，本人又不能说明的情况下，才应按巨额财产来源不明罪进行追究。

隐瞒境外存款罪是指国家工作人员隐瞒在境外的存款，不按照国家规定申报，并且数额较大的行为。

关联规定

1.《刑法》（2023 年 12 月 29 日）

第九十三条 本法所称国家工作人员，是指国家机关中从事公务的人员。

国有公司、企业、事业单位、人民团体中从事公务的人员和国家机关、国有公司、企业、事业单位委派到非国有公司、企业、事业单位、社会团体从事公务的人员，以及其他依照法律从事公务的人员，以国家工作人员论。

2.《全国法院审理经济犯罪案件工作座谈会纪要》（2003 年 11 月 13 日）

五、关于巨额财产来源不明罪

（一）行为人不能说明巨额财产来源合法的认定

刑法第三百九十五条第一款规定的"不能说明"，包括以下情况：

---

① 根据 2009 年 2 月 28 日《刑法修正案（七）》修改。原第一款条文为："国家工作人员的财产或者支出明显超过合法收入，差额巨大的，可以责令说明来源。本人不能说明其来源是合法的，差额部分以非法所得论，处五年以下有期徒刑或者拘役，财产的差额部分予以追缴。"

（1）行为人拒不说明财产来源；

（2）行为人无法说明财产的具体来源；

（3）行为人所说的财产来源经司法机关查证并不属实；

（4）行为人所说的财产来源因线索不具体等原因，司法机关无法查实，但能排除存在来源合法的可能性和合理性的。

（二）"非法所得"的数额计算

刑法第三百九十五条规定的"非法所得"，一般是指行为人的全部财产与能够认定的所有支出的总和减去能够证实的有真实来源的所得。在具体计算时，应注意以下问题：

（1）应把国家工作人员个人财产和与其共同生活的家庭成员的财产、支出等一并计算，而且一并减去他们所有的合法收入以及确属与其共同生活的家庭成员个人的非法收入。

（2）行为人所有的财产包括房产、家具、生活用品、学习用品及股票、债券、存款等动产和不动产；行为人的支出包括合法支出和不合法的支出，包括日常生活、工作、学习费用、罚款及向他人行贿的财物等；行为人的合法收入包括工资、奖金、稿酬、继承等法律和政策允许的各种收入。

（3）为了便于计算犯罪数额，对于行为人的财产和合法收入，一般可以从行为人有比较确定的收入和财产时开始计算。

第三百九十六条　私分国有资产罪　私分罚没财物罪

国家机关、国有公司、企业、事业单位、人民团体，违反国家规定，以单位名义将国有资产集体私分给个人，数额较大的，对其直接负责的主管人员和其他直接责任人员，处三年以下有期徒刑或者拘役，并处或者单处罚金；数额巨大的，处三年以上七年以下有期徒刑，并处罚金。

司法机关、行政执法机关违反国家规定，将应当上缴国家的罚没财物，以单位名义集体私分给个人的，依照前款的规定处罚。

附　录

中华人民共和国刑法修正案（十二）

（2023年12月29日第十四届全国人民代表大会常务委员会第七次会议通过　2023年12月29日中华人民共和国主席令第18号公布　自2024年3月1日起施行）

一、在刑法第一百六十五条中增加一款作为第二款，将该条修改为："国有公司、企业的董事、监事、高级管理人员，利用职务便利，自己经营或者为他人经营与其所任职公司、企业同类的营业，获取非法利益，数额巨大的，处三年以下有期徒刑或者拘役，并处或者单处罚金；数额特别巨大的，处三年以上七年以下有期徒刑，并处罚金。

"其他公司、企业的董事、监事、高级管理人员违反法律、行政法规规定，实施前款行为，致使公司、企业利益遭受重大损失的，依照前款的规定处罚。"

二、在刑法第一百六十六条中增加一款作为第二款，将该条修改为："国有公司、企业、事业单位的工作人员，利用职务便利，有下列情形之一，致使国家利益遭受重大损失的，处三年以下有期徒刑或者拘役，并处或者单处罚金；致使国家利益遭受特别重大损失的，处三年以上七年以下有期徒刑，并处罚金：

"（一）将本单位的盈利业务交由自己的亲友进行经营的；

"（二）以明显高于市场的价格从自己的亲友经营管理的单位采购商品、接受服务或者以明显低于市场的价格向自己的亲友经营管理的单位销售商品、提供服务的；

"（三）从自己的亲友经营管理的单位采购、接受不合格商品、服务的。

"其他公司、企业的工作人员违反法律、行政法规规定，实施前款行为，致使公司、企业利益遭受重大损失的，依照前款的规定处罚。"

三、在刑法第一百六十九条中增加一款作为第二款，将该条修改为："国有公司、企业或者其上级主管部门直接负责的主管人员，徇私舞弊，将国有资产低价折股或者低价出售，致使国家利益遭受重大损失的，处三年以下有期徒刑或者拘役；致使国家利益遭受特别重大损失的，处三年以上七年以下有期徒刑。

"其他公司、企业直接负责的主管人员，徇私舞弊，将公司、企业资产低价折股或者低价出售，致使公司、企业利益遭受重大损失的，依照前款的规定处罚。"

四、将刑法第三百八十七条第一款修改为："国家机关、国有公司、企业、事业单位、人民团体，索取、非法收受他人财物，为他人谋取利益，情节严重的，对单位判处罚金，并对其直接负责的主管人员和其他直接责任人员，处三年以下有期徒刑或者拘役；情节特别严重的，处三年以上十年以下有期徒刑。"

五、将刑法第三百九十条修改为："对犯行贿罪的，处三年以下有期徒刑或者拘役，并处罚金；因行贿谋取不正当利益，情节严重的，或者使国家利益遭受重大损失的，处三年以上十年以下有期徒刑，并处罚金；情节特别严重的，或者使国家利益遭受特别重大损失的，处十年以上有期徒刑或者无期徒刑，并处罚金或者没收财产。

"有下列情形之一的，从重处罚：

"（一）多次行贿或者向多人行贿的；

"（二）国家工作人员行贿的；

"（三）在国家重点工程、重大项目中行贿的；

"（四）为谋取职务、职级晋升、调整行贿的；

"（五）对监察、行政执法、司法工作人员行贿的；

"（六）在生态环境、财政金融、安全生产、食品药品、防灾救灾、社会保障、教育、医疗等领域行贿，实施违法犯罪活动的；

"（七）将违法所得用于行贿的。

"行贿人在被追诉前主动交待行贿行为的，可以从轻或者减轻处罚。其中，犯罪较轻的，对调查突破、侦破重大案件起关键作用的，或者有重大立功表现的，可以减轻或者免除处罚。"

六、将刑法第三百九十一条第一款修改为："为谋取不正当利益，给予国家机关、国有公司、企业、事业单位、人民团体以财物的，或者在经济往来中，违反国家规定，给予各种名义的回扣、手续费的，处三年以下有期徒刑或者拘役，并处罚金；情节严重的，处三年以上七年以下有期徒刑，并处罚金。"

七、将刑法第三百九十三条修改为："单位为谋取不正当利益而行贿，或者违反国家规定，给予国家工作人员以回扣、手续费，情节严重的，对单位判处罚金，并对其直接负责的主管人员和其他直接责任人员，处三年以下有期徒刑或者拘役，并处罚金；情节特别严重的，处三年以上十年以下有期徒刑，并处罚金。因行贿取得的违法所得归个人所有的，依照本法第三百八十九条、第三百九十条的规定定罪处罚。"

八、本修正案自 2024 年 3 月 1 日起施行。

《刑法修正案（十二）》修改前后对照表

（阴影部分为增加或修改内容）

2023年12月29日，十四届全国人大常委会第七次会议审议通过《刑法修正案（十二）》，自2024年3月1日起施行。这次修改是在2015年通过的《刑法修正案（九）》修改行贿犯罪的基础上对行贿犯罪的又一次重要修改。修改中坚持受贿行贿一起查，有针对性地对一些严重行贿情形"从重处罚"，加大刑事追责力度。此次修正案一共八条，实际修改的内容为七条，其中四条涉及惩治行贿犯罪，三条涉及惩治民营企业内部腐败犯罪。[1]

修改前	修改后
第一百六十五条　【非法经营同类营业罪】国有公司、企业的董事、经理利用职务便利，自己经营或者为他人经营与其所任职公司、企业同类的营业，获取非法利益，数额巨大的，处三年以下有期徒刑或者拘役，并处或者单处罚金；数额特别巨大的，处三年以上七年以下有期徒刑，并处罚金。	第一百六十五条　【非法经营同类营业罪】国有公司、企业的董事、监事、高级管理人员[2]，利用职务便利，自己经营或者为他人经营与其所任职公司、企业同类的营业，获取非法利益，数额巨大的，处三年以下有期徒刑或者拘役，并处或者单处罚金；数额特别巨大的，处三年以上七年以下有期徒刑，并处罚金。 其他公司、企业的董事、监事、高级管理人员违反法律、行政法规规定，实施前款行为，致使公司、企业利益遭受重大损失的，依照前款的规定处罚。[3]

---

[1]　参见《刑法修正案（十二）修订全文及解读》，载最高人民法院司法案例研究院微信公众号，https://mp.weixin.qq.com/s/8u4Fe7tSXYHf7dl_9BC4pg，2024年1月18日访问。

[2]　此次修法注重与相关法律的衔接，结合实践情况以及《公司法》修改的情况等，对《刑法》第一百六十五条非法经营同类营业罪的主体作了进一步完善，将犯罪主体由"董事、经理"修改为"董事、监事、高级管理人员"。

[3]　本条第二款将现行对"国有公司、企业"等相关人员适用的犯罪扩展到民营企业，针对的是企业内部关键岗位人员因腐败侵害企业、企业家权益的行为，将进一步加强对民营企业平等保护。《刑法修正案（十二）》对完善民营企业内部人员腐败相关犯罪修改涉及的条文包括《刑法》第一百六十五条、第一百六十六条和第一百六十九条。

修改前	修改后
第一百六十六条　【为亲友非法牟利罪】国有公司、企业、事业单位的工作人员，利用职务便利，有下列情形之一，使国家利益遭受重大损失的，处三年以下有期徒刑或者拘役，并处或者单处罚金；致使国家利益遭受特别重大损失的，处三年以上七年以下有期徒刑，并处罚金： （一）将本单位的盈利业务交由自己的亲友进行经营的； （二）以明显高于市场的价格向自己的亲友经营管理的单位采购商品或者以明显低于市场的价格向自己的亲友经营管理的单位销售商品的； （三）向自己的亲友经营管理的单位采购不合格商品的。	**第一百六十六条**　【为亲友非法牟利罪】国有公司、企业、事业单位的工作人员，利用职务便利，有下列情形之一，致使国家利益遭受重大损失的，处三年以下有期徒刑或者拘役，并处或者单处罚金；致使国家利益遭受特别重大损失的，处三年以上七年以下有期徒刑，并处罚金： （一）将本单位的盈利业务交由自己的亲友进行经营的； （二）以明显高于市场的价格从自己的亲友经营管理的单位采购商品、接受服务①或者以明显低于市场的价格向自己的亲友经营管理的单位销售商品、提供服务的； （三）从自己的亲友经营管理的单位采购、接受不合格商品、服务的。 其他公司、企业的工作人员违反法律、行政法规规定，实施前款行为，致使公司、企业利益遭受重大损失的，依照前款的规定处罚。
第一百六十九条　【徇私舞弊低价折股、出售国有资产罪】国有公司、企业或者其上级主管部门直接负责的主管人员，徇私舞弊，将国有资产低价折股或者低价出售，致使国家利益遭受重大损失的，处三年以下有期徒刑或者拘役；致使国家利益遭受特别重大损失的，处三年以上七年以下有期徒刑。	**第一百六十九条**　【徇私舞弊低价折股、出售公司、企业资产罪】国有公司、企业或者其上级主管部门直接负责的主管人员，徇私舞弊，将国有资产低价折股或者低价出售，致使国家利益遭受重大损失的，处三年以下有期徒刑或者拘役；致使国家利益遭受特别重大损失的，处三年以上七年以下有期徒刑。 其他公司、企业直接负责的主管人员，徇私舞弊，将公司、企业资产低价折股或者低价出售，致使公司、企业利益遭受重大损失的，依照前款的规定处罚。

---

① 随着市场经济的发展，除商品外，非法接受相关"服务"也是为亲友非法牟利的重要方式，《刑法修正案（十二）》对《刑法》第一百六十六条为亲友非法牟利罪中增加了有关"服务"的规定。

修改前	修改后
第三百八十七条 【单位受贿罪】国家机关、国有公司、企业、事业单位、人民团体，索取、非法收受他人财物，为他人谋取利益，情节严重的，对单位判处罚金，并对其直接负责的主管人员和其他直接责任人员，处五年以下有期徒刑或者拘役。 前款所列单位，在经济往来中，在帐外暗中收受各种名义的回扣、手续费的，以受贿论，依照前款的规定处罚。	第三百八十七条 【单位受贿罪】国家机关、国有公司、企业、事业单位、人民团体，索取、非法收受他人财物，为他人谋取利益，情节严重的，对单位判处罚金，并对其直接负责的主管人员和其他直接责任人员，处三年以下有期徒刑或者拘役；情节特别严重的，处三年以上十年以下有期徒刑。 前款所列单位，在经济往来中，在帐外暗中收受各种名义的回扣、手续费的，以受贿论，依照前款的规定处罚。
第三百九十条 【行贿罪的处罚规定】对犯行贿罪的，处五年以下有期徒刑或者拘役，并处罚金；因行贿谋取不正当利益，情节严重的，或者使国家利益遭受重大损失的，处五年以上十年以下有期徒刑，并处罚金；情节特别严重的，或者使国家利益遭受特别重大损失的，处十年以上有期徒刑或者无期徒刑，并处罚金或者没收财产。 行贿人在被追诉前主动交待行贿行为的，可以从轻或者减轻处罚。其中，犯罪较轻的，对侦破重大案件起关键作用的，或者有重大立功表现的，可以减轻或者免除处罚。	第三百九十条 【行贿罪的处罚规定】对犯行贿罪的，处三年以下有期徒刑或者拘役，并处罚金；因行贿谋取不正当利益，情节严重的，或者使国家利益遭受重大损失的，处三年以上十年以下有期徒刑，并处罚金；情节特别严重的，或者使国家利益遭受特别重大损失的，处十年以上有期徒刑或者无期徒刑，并处罚金或者没收财产。 有下列情形之一的，从重处罚： （一）多次行贿或者向多人行贿的； （二）国家工作人员行贿的； （三）在国家重点工程、重大项目中行贿的； （四）为谋取职务、职级晋升、调整行贿的； （五）对监察、行政执法、司法工作人员行贿的； （六）在生态环境、财政金融、安全生产、食品药品、防灾救灾、社会保障、教育、医疗等领域行贿，实施违法犯罪活动的；

修改前	修改后
	(七) 将违法所得用于行贿的。① 行贿人在被追诉前主动交待行贿行为的，可以从轻或者减轻处罚。其中，犯罪较轻的，对调查突破、侦破重大案件起关键作用的，或者有重大立功表现的，可以减轻或者免除处罚。
第三百九十一条 【对单位行贿罪】 为谋取不正当利益，给予国家机关、国有公司、企业、事业单位、人民团体以财物的，或者在经济往来中，违反国家规定，给予各种名义的回扣、手续费的，处三年以下有期徒刑或者拘役，并处罚金。 单位犯前款罪的，对单位判处罚金，并对其直接负责的主管人员和其他直接责任人员，依照前款的规定处罚。	第三百九十一条 【对单位行贿罪】 为谋取不正当利益，给予国家机关、国有公司、企业、事业单位、人民团体以财物的，或者在经济往来中，违反国家规定，给予各种名义的回扣、手续费的，处三年以下有期徒刑或者拘役，并处罚金；情节严重的，处三年以上七年以下有期徒刑，并处罚金。② 单位犯前款罪的，对单位判处罚金，并对其直接负责的主管人员和其他直接责任人员，依照前款的规定处罚。
第三百九十三条 【单位行贿罪】 单位为谋取不正当利益而行贿，或者违反国家规定，给予国家工作人员以回扣、手续费，情节严重的，对单位判处罚金，并对其直接负责的主管人员和其他直接责任人员，处五年以下有期徒刑或者拘役，并处罚金。因行贿取得的违法所得归个人所有的，依照本法第三百八十九条、第三百九十条的规定定罪处罚。	第三百九十三条 【单位行贿罪】 单位为谋取不正当利益而行贿，或者违反国家规定，给予国家工作人员以回扣、手续费，情节严重的，对单位判处罚金，并对其直接负责的主管人员和其他直接责任人员，处三年以下有期徒刑或者拘役，并处罚金；情节特别严重的，处三年以上十年以下有期徒刑，并处罚金。③ 因行贿取得的违法所得归个人所有的，依照本法第三百八十九条、第三百九十条的规定定罪处罚。

---

① 本条在立法上进一步明确对一些严重行贿情形加大刑事追责力度。行贿行为在立法上规定从重处罚，具体包括七种情形：多次行贿或者向多人行贿的；国家工作人员行贿的；在国家重点工程、重大项目中行贿的；为谋取职务、职级晋升、调整行贿的；对监察、行政执法、司法工作人员行贿的；在生态环境、财政金融、安全生产、食品药品、防灾救灾、社会保障、教育、医疗等领域行贿，实施违法犯罪活动的；将违法所得用于行贿的。

② 本条第一款对其他贿赂犯罪的刑罚作出相应调整。《刑法》根据贿赂犯罪的主体、对象、行为等不同，规定了较多罪名，对行贿罪、单位行贿罪作出调整后，相应地调整其他贿赂犯罪的法定刑，做好衔接和平衡。

③ 本条调整了单位行贿罪的刑罚。

图书在版编目（CIP）数据

刑法修正案（十二）关联适用全书：含妨害对公司、企业的管理秩序罪　贪污贿赂罪／法规应用研究中心编. —北京：中国法制出版社，2024.1
（关联适用全书系列）
ISBN 978-7-5216-4115-8

Ⅰ.①刑… Ⅱ.①法… Ⅲ.①刑法-法律适用-中国 Ⅳ.①D924.05

中国国家版本馆CIP数据核字（2024）第013374号

责任编辑：韩璐玮（hanluwei666@163.com）　　　　封面设计：周黎明

刑法修正案（十二）关联适用全书：含妨害对公司、企业的管理秩序罪　贪污贿赂罪
XINGFA XIUZHENG'AN（SHIER）GUANLIAN SHIYONG QUANSHU：HAN FANGHAI DUI GONGSI、QIYE DE GUANLI ZHIXUZUI　TANWU HUILUZUI

编者/法规应用研究中心
经销/新华书店
印刷/三河市国英印务有限公司
开本/710毫米×1000毫米　16开　　　　　印张/13.5　字数/181千
版次/2024年1月第1版　　　　　　　　　　2024年1月第1次印刷

中国法制出版社出版
书号 ISBN 978-7-5216-4115-8　　　　　　　定价：39.00元

北京市西城区西便门西里甲16号西便门办公区
邮政编码：100053　　　　　　　　　　　　传真：010-63141600
网址：http://www.zgfzs.com　　　　　　编辑部电话：010-63141791
市场营销部电话：010-63141612　　　　　　印务部电话：010-63141606

（如有印装质量问题，请与本社印务部联系。）